WAS IST WAS
MINERALIEN UND GESTEINE
Funkelnde Schätze
TESSLOFF

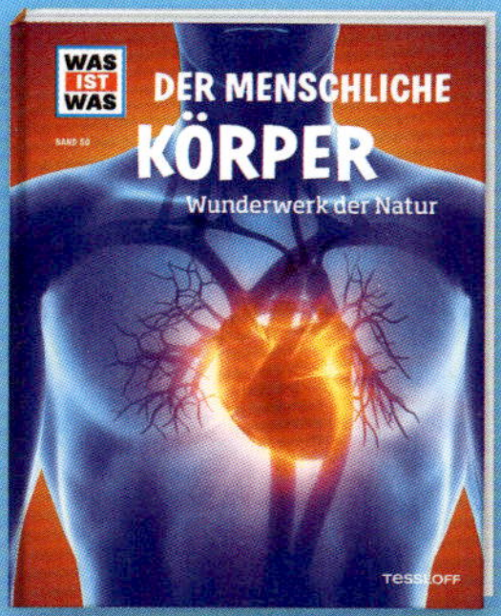
WAS IST WAS
DER MENSCHLICHE KÖRPER
Wunderwerk der Natur
TESSLOFF

WAS IST WAS
AUTOS
PS, Hybrid und Turbostars
TESSLOFF

WAS IST WAS
EISENBAHN
Auf Schienen in die Zukunft
TESSLOFF

WAS IST WAS
DAS ALTE ROM
Weltmacht der Antike
TESSLOFF

WAS IST WAS
VULKANE
Feuer aus der Tiefe
TESSLOFF

WAS IST WAS
WIKINGER
Nordmänner zur See
TESSLOFF

WAS IST WAS
KATZEN
Flinke Jäger auf Samtpfoten
TESSLOFF

WAS IST WAS
DIE ALTEN GRIECHEN
Götter, Helden, Dichter
TESSLOFF

WAS IST WAS
NATUR
Erforschen und schützen
TESSLOFF

WAS IST WAS
FOSSILIEN
Spuren des Lebens
TESSLOFF

WAS IST WAS
DAS ALTE ÄGYPTEN
Goldenes Reich am Nil
TESSLOFF

WAS IST WAS
PIRATEN
Schrecken der Meere
TESSLOFF

WAS IST WAS
HAUSTIERE
Unsere liebsten Freunde
TESSLOFF

WAS IST WAS
SPINNEN
Jäger am seidenen Faden
TESSLOFF

WAS IST WAS
NATUR-GEWALTEN
Unberechenbar und mächtig
TESSLOFF

WAS IST WAS
GELD
Vom Tauschhandel zum Bitcoin
TESSLOFF

WAS IST WAS
DIE SIEBEN WELTWUNDER
Schätze der Antike
TESSLOFF

WAS IST WAS
WALE UND DELFINE
Die sanften Riesen
TESSLOFF

WAS IST WAS
ELEFANTEN
Die grauen Riesen
TESSLOFF

WAS IST WAS
RITTER
Burgen, Turniere, edle Frauen
TESSLOFF

WAS IST WAS
REGENWALD
Grüner Schatz der Erde
TESSLOFF

WAS IST WAS
HAIE
Im Reich der schnellen Jäger
TESSLOFF

WAS IST WAS
KRIMINALISTIK
Dem Täter auf der Spur
TESSLOFF

WAS IST WAS
UNIVERSUM
Geheimnisse des Weltalls
TESSLOFF

WAS IST WAS

Andrea Weller-Essers

GENIALE TIERE

... und ihre Tricks!

TESSLOFF

Lebensräume

Wald

Die Wälder dieser Erde bedecken etwa 15,5 Prozent der gesamten Landfläche. In Wäldern gemäßigter Breiten mit ihren warmen Sommern und kühlen Wintern wachsen vor allem Laubbäume. Boreale Wälder dagegen bestehen hauptsächlich aus Nadelbäumen und finden sich im hohen Norden. Die Sommer dort sind eher kurz, die Winter dafür lang und kalt. Dies führt zu einer Nahrungsknappheit, weshalb Tiere, die keinen Winterschlaf halten können, in den Süden ziehen.

Meer

Meere und Ozeane bedecken mehr als drei Viertel der Erdoberfläche. Die Tiefsee bildet dabei den größten Lebensraum der Welt, ist aber noch kaum erforscht. Sie beginnt 250 Meter unter der Wasseroberfläche, dort, wo es kein Licht mehr gibt. Tiere, die sich in dieser Zone aufhalten, müssen sich nicht nur der Dunkelheit, sondern auch der Kälte und einem ungeheuren Druck anpassen. Die tiefste Stelle des Meeres ist der Marianengraben: Er ist 11 034 Meter tief!

Regenwald

Mehr als die Hälfte aller bekannten Tierarten der Welt sind in den Regenwäldern nahe dem Äquator zu Hause. Dort herrscht ein warmes und feuchtes Klima, das fast jeden Tag Regen mit sich bringt. Weil es keinen Winter gibt, bleiben die Bäume das ganze Jahr über grün. Viele Regenwälder wurden bereits von Menschen abgeholzt, um die Flächen wirtschaftlich nutzen zu können. Dieser Lebensraum ist deshalb stark bedroht.

Tundra

Die Tundra ist eine baumlose Landschaft südlich der Arktis. Ihr Boden ist dauerhaft gefroren und taut nur im Sommer an der Oberfläche auf. Dann wachsen dort Pflanzen wie Moose und Flechten und viele Tiere aus anderen Regionen lassen sich nieder. Sie fressen und pflanzen sich fort, bis sie am Ende des Sommers wieder in ihre Heimat ziehen.

Savanne

Als Savannen bezeichnet man die Übergangszonen zwischen Regenwäldern und Wüsten. Das ganze Jahr lang herrscht dort ein warmes Klima, wobei sich Trocken- und Regenzeiten abwechseln. Savannen sind über weite Strecken mit Gras bedeckt. Dieses ist zusammen mit vereinzelt wachsenden Bäumen für Pflanzenfresser die einzige Nahrungsquelle.

Wüste

Gebiete, in denen es pro Jahr weniger als 150 Milliliter regnet, nennt man Wüsten. Die Lebewesen dort müssen mit Wassermangel und Tagestemperaturen von über 50 Grad Celsius umgehen. Pflanzen wie etwa Kakteen speichern Wasser in ihren Wurzeln; Tiere gelangen durch ihre Nahrung oder Oasen an Wasser. Um sich vor der Hitze zu schützen, vergraben sich viele Tiere tagsüber im Boden und werden erst in der kalten Nacht aktiv.

Polargebiete

Die beiden kältesten Gebiete dieser Welt sind die Arktis am Nordpol und die Antarktis am Südpol. Während die Arktis als große Eisschicht auf dem Meer treibt, ist die Antarktis ein von Eis bedecktes Festland. Die Tiere, die dort leben, schützen sich mit dichtem Fell, Federn oder einer Fettschicht vor der Kälte. Fische haben eine Art Frostschutzmittel im Blut.

Systematik der Tiere

Das Tierreich ist faszinierend und unglaublich vielfältig. Die meisten Tiere, die du kennst, und auch wir Menschen gehören zu den Wirbeltieren. Zu ihnen gehören die Vögel, Säugetiere, Reptilien, Amphibien und Fische. Alle Wirbeltiere haben eine Wirbelsäule und ein Skelett aus Knochen. Außerdem haben sie sogenannte Extremitäten, also Arme, Beine oder Flossen. Wirbeltiere besitzen ein gut ausgebildetes Gehirn und meist sehr leistungsfähige Sinnesorgane. Ungefähr 95 Prozent aller Tierarten gehören aber zu den Wirbellosen. Darunter wird eine Vielzahl von unterschiedlichen Tiergruppen zusammengefasst, die nur ein gemeinsames Merkmal aufweisen: Sie haben keine Wirbelsäule.

Vögel

Vögel sind die einzigen Tiere, die Federn und Flügel haben. Die meisten Vögel können fliegen und alle haben einen Schnabel und legen Eier. Sie sind die direkten Nachkommen der Dinosaurier.

Wirbellose Tiere

Zur größten Gruppe gehören ganz unterschiedliche Tierarten. Zu ihnen zählen zum Beispiel Insekten, Schnecken, Spinnen, Schwämme und Würmer. Wirbellose Tiere haben weder eine Wirbelsäule noch ein Knochengerüst.

Alle Wirbeltiere zusammen stellen nur etwa fünf Prozent aller Tierarten.

Schon gewusst?

Zurzeit gibt es etwa 1,3 Millionen bekannte Tierarten, aber jedes Jahr werden neue entdeckt. Besonders im Regenwald und in der Tiefsee gibt es noch eine unbekannt große Anzahl von unentdeckten Tieren. Gleichzeitig sterben leider jedes Jahr sehr viele Arten aus.

Säugetiere

Alle Säugetiere sind Warmblüter und die meisten haben ein Fellkleid aus Haaren. Dadurch können sie sehr unterschiedliche Lebensräume besiedeln. Sie bringen lebende Junge zur Welt (außer Schnabeltier und Schnabeligel) und der Nachwuchs wird mit Milch gesäugt.

Reptilien

Zu den Reptilien gehören Krokodile, Alligatoren, Schlangen, Schildkröten und Echsen. Reptilien haben Schuppen und atmen mit Lungen. Die meisten leben an Land und legen Eier. Sie gehören zu den wechselwarmen Tieren.

Amphibien

Amphibien sind ebenfalls wechselwarme Tiere. Die meisten verbringen ihre Jugend im Wasser und gehen dann an Land. Jungtiere atmen mit Kiemen, erwachsene Tiere später mit Lungen.

Fische

Fische leben im Wasser; fast alle atmen mit Kiemen und haben Schuppen und Flossen. Die meisten Fische legen Eier, den sogenannten Laich, manche bringen aber auch lebende Junge zur Welt.

A wie …

Afrikanische Speikobra

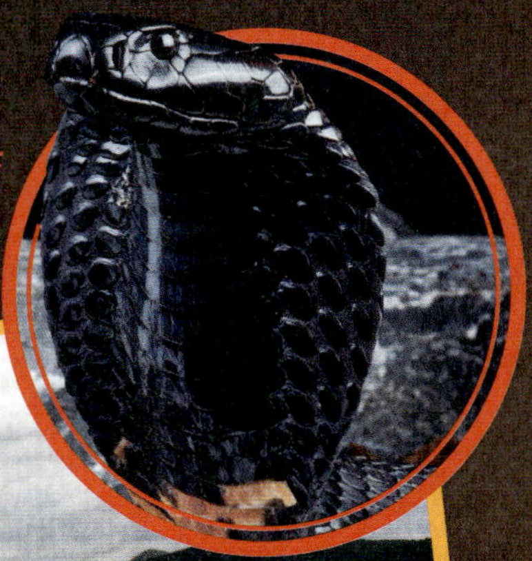

Schwarz wie die Nacht: Afrikanische Speikobras können auch tiefschwarz gefärbt sein.

Die Afrikanische Speikobra kommt in weiten Teilen Afrikas vor. Sie kann ganz unterschiedlich gefärbt sein, je nachdem in welcher Region sie lebt. Die meisten sind dunkelolivbraun bis graubraun, es gibt aber auch ganz schwarze Exemplare. Das auffälligste Muster hat die Zebraspeikobra: Ihre hellbraune oder rosa Haut hat schwarze Querstreifen. Den Tag verbringt die Speikobra meist in hohlen Baumstümpfen, Höhlen oder Termitenbauten, erst im Dunkeln geht sie auf die Jagd. Ihre Beute erlegt sie durch einen Biss, sodass ihr starkes Gift direkt in den Körper gelangt. Fühlt sie sich bedroht, spuckt sie ihrem Angreifer allerdings eine Wolke aus Gifttröpfchen entgegen. Dabei zielt sie genau auf die Augen!

Verteidigung

Das Giftspucken ist zwar angeboren, aber das zielsichere Spucken müssen die Schlangen erst erlernen.

Hochgiftig

Auf der Haut ist das Gift von Speikobras völlig harmlos. Kommt es jedoch mit den Augen in Berührung, kann das sogar zum Erblinden führen!

Steckbrief

Afrikanische Speikobra

Lebensraum: Savannen, Wüsten

Verbreitung: Zentral-, West- und Südostafrika

Größe: bis zu zwei Meter

Wenn die Kobra ihr Gift verspuckt, dann bewegt sie dabei ihren Kopf blitzschnell hin und her. So kann sie ihre Trefferquote erhöhen.

Weil die Giftdrüse an den nach vorne abgeknickten Zähnen sehr eng ist, schießt das Gift mit hoher Geschwindigkeit heraus.

Unglaublich!

Wenn die Speikobra ihr Gift versprüht, trifft sie auf eine Entfernung von zwei Metern erstaunlich genau. Auf eine Distanz von 60 Zentimetern hat sie eine Trefferquote von 100 Prozent.

A wie … Afrikanischer Elefant

Dickhäuter

Der Afrikanische Elefant ist das größte Landsäugetier der Welt. Auffälliges Merkmal sind seine großen Ohren. Die braucht er, um Wärme abzugeben, denn er kann nicht schwitzen. An seiner Rüsselspitze hat er zwei fingerartige Fortsätze. Damit kann er auch kleine Dinge aufheben. Der Rüssel dient dem Riesen als Nase, Essbesteck, Trompete, Waffe und Dusche. Bis zu zehn Liter Wasser saugt er damit auf, um sie sich in den Mund zu spritzen – so trinkt er jeden Tag um die 80 Liter und mehr! Die Haut des Elefanten ist an einigen Stellen über zwei Zentimeter dick; trotzdem ist sie sehr empfindlich. Deshalb nimmt er gerne ein Schlammbad und staubt sich anschließend ein. So schützt er sich vor Ungeziefer und Sonnenbrand.

Die raue und rissige Haut der Tiere ist dick – aber empfindlich!

Angeberwissen

Elefanten kommunizieren mittels Infraschall. Das sind sehr tiefe Töne, die wir Menschen gar nicht wahrnehmen. Die Dickhäuter hören sie aber kilometerweit und können sich so auch mit weit entfernten Artgenossen unterhalten.

Das Gehirn eines Afrikanischen Elefanten kann über fünf Kilogramm schwer werden.

Unglaublich!

Die Tragzeit bei Elefanten beträgt fast zwei Jahre! Nach 22 Monaten bringt die Mutter ein Kalb zur Welt, das schon über 100 Kilogramm wiegt.

Stoßzähne

Anders als bei ihren indischen Verwandten haben bei den Afrikanischen Elefanten sowohl Männchen als auch Weibchen Stoßzähne. Sie dienen zur Verteidigung oder kommen beim Graben zum Einsatz.

Steckbrief

Afrikanischer Elefant

Lebensraum: Wüste bis hochgelegene Regenwälder

Verbreitung: Afrika

Größe: bis zu vier Meter

A wie …

Aga-Kröte

Die riesige Aga-Kröte ist ursprünglich ein Bewohner der amerikanischen Subtropen und Tropen. Doch da sie recht anspruchslos ist, fühlt sie sich auch in vielen anderen Lebensräumen wohl, solange ein Gewässer in der Nähe ist, in das sie ihren Laich ablegen kann. Die Riesenkröte frisst fast alles, was vor ihr Maul kommt: Insekten, Spinnen und Würmer, aber auch Eidechsen, Schlangen, kleine Säugetiere – und sogar Nahrungsreste aus dem Hausmüll lässt sie sich schmecken. Gegen Fressfeinde wehrt sie sich mit einem Gift, das sie bis zu zwei Meter weit verspritzen kann. Für den Angreifer endet diese Attacke häufig tödlich. Und selbst Krokodile sterben, wenn sie eine Aga-Kröte gefressen haben!

Riesenkröte

Weil sie in Australien keine natürlichen Feinde hat, machen die Menschen dort Jagd auf die Kröte. Doch trotz dieser Maßnahmen vermehren sich die Tiere unaufhaltsam.

Steckbrief

Aga-Kröte

Lebensraum: Feuchtgebiete und stehende Gewässer, Flüsse, Bäche, Fließgewässer

Verbreitung: Mittel- und Südamerika

Größe: bis zu 20 Zentimeter

Tödlicher Schleim

Nicht nur gefräßigen Krokodilen kann das Gift der Aga-Kröte gefährlich werden, auch Hunde sterben daran, wenn sie die Tiere zu fassen bekommen.

Schon gewusst?

In Australien gehört die Aga-Kröte zu den schlimmsten Schädlingen. 1935 wurde sie von Menschen ins Land gebracht, hat sich seitdem ungehindert ausgebreitet und ist heute eine Gefahr für viele einheimische Arten. Für australische Fressfeinde ist die Kröte nämlich eine leicht zu fangende Beute – an ihrem tückischen Gift sterben sie jedoch.

Tagsüber verstecken sich die Tiere und erst nachts gehen sie auf Jagd.

Unglaublich!

Aga-Kröten können sich aufblähen, um größer zu wirken, wenn sie einer Schlange begegnen.

A wie ...

Alpaka

Das Alpaka gehört zu den sogenannten Neuweltkamelen, die in Südamerika zu Hause sind. Die Altweltkamele, zu denen das einhöckrige Dromedar und das zweihöckrige Trampeltier zählen, leben dagegen in Asien.
Im Vergleich zu seinen asiatischen Verwandten ist das Alpaka kleiner und leichter. Außerdem hat es wie alle Neuweltkamele keinen Höcker. Schon vor rund 5 000 Jahren wurde das Alpaka von den Ureinwohnern wegen seiner feinen, warmen Wolle als Haustier gehalten. In den peruanischen Anden, wo die meisten der gutmütigen Pflanzenfresser in etwa 2 000 bis 4 000 Meter Höhe leben, schützt sie ihr dickes Fell zuverlässig vor der Kälte.

Unglaublich!

Weil viele Alpakas im Hochgebirge leben, können sie sehr gut klettern. Sie schaffen es sogar bei Schnee, die steilsten Hänge zu erklimmen!

Herdentiere

Alpakas sind sehr soziale Tiere. Nur in einer kleinen Herde fühlen sie sich sicher und geborgen.

Nachwuchs

Meist kommt nur ein Junges pro Jahr zur Welt. Es wird etwa sechs bis acht Monate lang von seiner Mutter gesäugt.

Steckbrief

Alpaka

Lebensraum: Berge, Wüste und Halbwüste, offene Lebensräume wie Grasland

Verbreitung: Südamerika

Größe: bis zu einem Meter

Schon gewusst?

Genauso wie Lamas können auch Alpakas spucken, wenn ihnen etwas nicht passt. Wenn sich zum Beispiel ein Weibchen nicht paaren will, macht es das dem Männchen klar, indem es dieses anspuckt und abwehrende Laute ausstößt.

A wie …

Ameisenbär

Der Große Ameisenbär hat einen mächtigen Körper, auf dem ein kleiner Kopf mit einer extrem langgezogenen Schnauze sitzt, die bis zu 45 Zentimeter messen kann!

Unglaublich!

Der Große Ameisenbär ist offensichtlich ein sehr schneller Fresser: Über 30 000 Ameisen kann das Tier an nur einem einzigen Tag verputzen!

Steckbrief

Großer Ameisenbär

Lebensraum: Regenwald und Savanne

Verbreitung: Mittel- und Südamerika

Größe: bis zu 1,20 Meter

Für den Großen Ameisenbären gibt es nichts Köstlicheres als Ameisen und Termiten. Hat er einen Termitenbau mit seiner guten Nase erschnüffelt, öffnet er diesen mit seinen kräftigen Krallen und schleckt dann genüsslich die Insekten mit seiner Zunge auf. Diese kann bis zu 60 Zentimeter lang werden! Außerdem ist sie mit klebrigem Speichel sowie kleinen Haken bedeckt, sodass möglichst viele Tiere daran hängen bleiben. Schon nach kurzer Zeit beendet er seine Mahlzeit und sucht sich ein neues Nest, denn die Insekten vertreiben ihn, indem sie ein Gift versprühen. Auf diese Weise wird nie ein ganzer Bau auf einmal geräubert.

Mund

Der Ameisenbär hat eine relativ winzige Mundöffnung, hinter der eine etwa 60 Zentimeter lange Zunge sitzt. Er hat keine Zähne.

Ein Ameisenbär bekommt ein Junges im Jahr. Nach der Geburt klettert es auf den Rücken seiner Mutter und lässt sich die erste Zeit tragen.

Funny Fact

Von wegen Bär!

Auch wenn man es vielleicht vermuten möchte: Der nächste Verwandte der Ameisenbären ist nicht etwa der Grizzly oder der Braunbär, sondern das Faul- und das Gürteltier.

A wie …

Anakonda

Die Große Anakonda gehört zu den größten und schwersten Schlangen der Welt. Die mächtige Würgeschlange geht am liebsten in der Nacht auf die Jagd. Gut getarnt liegt sie im Wasser und lauert auf Beute. Hat sie ein Opfer gefunden, umschlingt sie es mit ihrem Körper. Dann zieht sie mit jedem Ausatmen des Beutetiers ihre tödliche Umarmung fester zu, bis ihm die Luft wegbleibt und das Herz zu schlagen aufhört. Anschließend verschlingt sie ihren Fang im Ganzen und zwar immer mit dem Kopf voran. Damit auch große Tiere ins Maul passen, kann sie wie alle Schlangen den Unterkiefer aus dem Gelenk haken. So kann sie ihre Klappe extrem weit aufreißen!

Ausgewachsene Anakondas können bis zu 200 Kilogramm schwer werden.

Fette Beute

Meistens verzehren Anakondas kleine Säugetiere und Vögel. Sie fressen aber auch gelegentlich Kaimane und Raubkatzen. Was diese Schlange wohl gerade verdaut?

Steckbrief

Große Anakonda

Lebensraum: Regenwald, in Gewässern und Sümpfen

Verbreitung: Südamerika

Größe: bis zu neun Meter

Großmaul

Eine Anakonda droht mit weit aufgerissenem Maul.

Schlangenhaut

Mit ihrer sensiblen Haut spürt sie Bewegungen im Wasser.

Auf der Lauer

Die Schlange hält sich am liebsten im Wasser auf. Dort wartet sie regungslos auf Beute.

A wie … Atlasspinner

Vorsicht Schlange!

Das Muster auf den Flügelspitzen ähnelt einem Schlangenkopf und dient der Abschreckung von Feinden.

Fagaraseide

Aus dem Kokon, in den sich die Raupe zu verpuppen beginnt, kann eine spezielle Seide gewonnen werden.

Steckbrief

Atlasspinner

Lebensraum: Regenwald

Verbreitung: Südostasien

Größe: bis zu 30 Zentimeter

Der riesige Atlasspinner gibt sich gefährlich: Die Muster auf seinen Flügelspitzen erinnern an zwei Schlangenköpfe. So will er hungrige Vögel abschrecken. Die Lebenszeit des imposanten Nachtfalters ist allerdings extrem kurz. Da er nur einen verkümmerten Saugrüssel und keinen Magen hat, kann er weder essen noch trinken und stirbt nach ungefähr ein bis zwei Wochen. In der Zeit muss er einen Partner finden und für Nachwuchs sorgen. Nach der Befruchtung legt das Weibchen Eier, aus denen blaugrüne Raupen schlüpfen. Diese schützen sich mit Stacheln und giftigen Schuppen vor Fressfeinden. Die Raupen können bis zu 11,5 Zentimeter lang werden. Dann verpuppen sie sich und die Verwandlung in einen Falter beginnt.

Namensvetter

Namenspatron des Atlasspinners ist ein Riese namens Atlas. Er stammt aus der griechischen Mythologie und soll das Himmelsgewölbe auf seinen Schultern tragen.

Schon gewusst?

Die Weibchen senden zur Paarungszeit Duftstoffe aus, die die Männchen mit ihren extragroßen Fühlern über eine große Entfernung riechen.

Rekord

400 cm²

groß können die Flügel des weiblichen Atlasspinners werden. Sie nutzen die riesigen Flügel, um Männchen anzulocken.

A wie …

Australische Gespenstschrecke

Die Australische Gespenstschrecke ist ein Meister der Tarnung. Sie sieht nämlich aus wie ein abgestorbenes Blatt! Wegen ihres außergewöhnlichen Äußeren ist sie im australischen Eukalyptuswald für ihre Fressfeinde nahezu unsichtbar. Wenn sie langsam über einen Ast krabbelt, schaukelt sie außerdem bedächtig hin und her – wie ein Blatt im Wind. Seine Eier wirft das Weibchen auf den Boden ab. Hier werden sie von Feuerameisen gefunden, die sie für Samen halten und in ihre Speisekammer tragen. Wenn die Jungtiere, die sogenannten Nymphen, im Ameisenbau schlüpfen, sehen sie aus wie kleine Feuerameisen. So können sie unerkannt aus dem Bau herauskrabbeln und sich eine geeignete Nahrungspflanze suchen.

Schon gewusst?

Die Gespenstschreckenweibchen können sich auch ungeschlechtlich fortpflanzen. Sie legen unbefruchtete Eier, aus denen dann nur Töchter schlüpfen, die genetische Zwillinge der Mutter sind.

Ernährung

In freier Wildbahn ernährt sich die Gespenstschrecke hauptsächlich von den Blättern des Eukalyptusbaums.

Steckbrief

Australische Gespenstschrecke

Lebensraum: Eukalyptuswälder
Verbreitung: Ostaustralien
Größe: bis zu 14 Zentimeter

Unglaublich!

Sollte doch einmal ein Fressfeind die Gespenstschrecke bemerken, hat sie einen unglaublichen Trick parat: An bestimmten Sollbruchstellen kann sich die Schrecke teilen und fliehen. Nach der nächsten Häutung wächst der abgeworfene Körperteil einfach nach.

A wie … Axolotl

Der Axolotl ist ein Schwanzlurch, der nur in zwei bestimmten Seen in Mexiko vorkommt. Sein exotisch klingender Name stammt aus der aztekischen Sprache Nahuatl und bedeutet so viel wie »Wassermonster«. Anders als die meisten anderen Amphibien, die teils im Wasser und teils an Land leben, bleibt der Axolotl auf dem Grund des Gewässers. Hier ernährt er sich von Krebsen, Insektenlarven, kleinen Fischen und Laich. Zur Paarungszeit gibt das Männchen ein Samenpaket ab, das vom paarungsbereiten Weibchen aufgenommen wird. Dabei werden seine Eier befruchtet. Nach einigen Stunden klebt es den Laich, der aus bis zu 800 Eiern besteht, an die Blätter von Wasserpflanzen. Daraus schlüpfen dann die Larven.

Unglaublich!

Der Axolotl hat eine bemerkenswerte Regenerationsfähigkeit. Verliert er beispielsweise ein Bein oder eine Hand, kann er sie einfach nachwachsen lassen. Selbst Teile des Herzens und des Hirns kann er wiederherstellen! Das macht ihn für die Wissenschaftler äußerst interessant.

Hautsache

Die ursprünglichen Axolotl haben eine dunkle Hautfärbung. Gezüchtete Tiere können dagegen goldgelb, schwarz, rosa oder auch weiß sein. Es gibt auch Albinos mit roten Augen.

Züchtung

Axolotl entwickeln keine Lungen, mit denen sie Luft einatmen können, sondern behalten ihr Leben lang ihre Kiemen.

Schon gewusst?

Ein Axolotl wird nie erwachsen! Durch einen angeborenen Gendefekt bleibt der Axolotl immer im Larvenstadium und behält seine Kiemen.

Steckbrief

Axolotl

Lebensraum: Süßwasserseen

Verbreitung: Xochimilcosee und Chalcosee in Mexiko

Größe: bis zu 30 Zentimeter

B wie ...

Bärtige Krötenkopfagame

Wie alle Agamen kann auch die Bärtige Krötenkopfagame keine Wärme speichern. Deshalb braucht sie es warm, um auf die nötige Körpertemperatur zu kommen.

Steckbrief

Bärtige Krötenkopfagame

Lebensraum: Wüste und Halbwüste, Savannen

Verbreitung: Afrika, Asien, Südeuropa

Größe: bis zu 24 Zentimeter

Die Bärtige Krötenkopfagame ist die größte unter den Krötenkopfagamen, von denen es über 25 Arten gibt. Die Hälfte ihrer Körperlänge macht dabei allerdings schon ihr langer Schwanz aus. Rechts und links an ihrem Kopf hat sie zwei Hautlappen, die sie bei Gefahr aufstellt. Wenn sie dann noch das Maul weit aufreißt, wirkt sie auf ihre Feinde wirklich ganz schön bedrohlich! Der tagaktive Bodenbewohner kommt vor allem in heißen und trockenen Regionen vor. Wird es dem kleinen Reptil aber doch einmal zu warm in der Wüste, gräbt es sich in den kühlenden Sand ein.

Sandbad

Kühlung

Bei Hitze vergräbt sich die Bärtige Krötenkopfagame einfach im Sand. Damit auch kein Sandkorn in die Nasenlöcher gerät, sind diese stark verengt.

1

2

Drohhaltung

(1) Fühlt sich eine Bärtige Krötenkopfagame bedroht, (2) nimmt sie sofort ihre Furcht einflößende Verteidigungshaltung ein.

Angeberwissen

Krötenkopfagamen trinken Wasser nicht auf die gleiche Art wie andere Tiere. Sie warten, bis ihr Körper feucht genug ist, und heben dann den Po an. Schon laufen lauter kleine Wassertropfen in Richtung Kopf, die sie einfach mit dem Mund auffangen.

Beo

B wie ...

Der Beo hat ein schillernd schwarzes Gefieder mit auffallend gelben Flecken am Kopf und einen leuchtend orangefarbenen Schnabel. Mit dem frisst er am liebsten Obst und Insekten. Sein Name stammt aus dem Indonesischen und bedeutet so viel wie »Plappermaul«. Der muntere Vogel fühlt sich nur in Gesellschaft wohl. Meist fliegt er im Schwarm durch den Wald. Nur zur Paarungszeit sondert er sich mit seiner Partnerin ab und sucht sich eine Baumhöhle, die mit Federn, Halmen und Blättern gepolstert wird. In dieses Nest legt das Weibchen dann zwei bis drei Eier. Nach dem Schlüpfen kümmert sich das Pärchen gemeinsam um den Nachwuchs, der bereits nach vier Wochen das Nest verlässt.

Ziervogel

Beos gehören zu der Familie der Stare. Innerhalb dieser Familie sind sie die beliebtesten Ziervögel und werden gerne in Volieren zu Hause gehalten.

Steckbrief

Beo

Lebensraum: tropischer Wald

Verbreitung: Südasien, südöstliches Asien

Größe: bis zu 35 Zentimeter

Schon gewusst?

Die meisten Beos sind richtige Sprachkünstler, die viele Geräusche und sogar ganze Sätze imitieren können. Aber nicht alle Beos haben diese Begabung – es gibt auch Exemplare, die in ihrem Leben kein einziges Wort sprechen.

Beofamilie

Fütterungszeit

Männchen und Weibchen kümmern sich gemeinsam um die Aufzucht der Jungen. Schon bald werden diese alleine durch die Welt ziehen.

Lecker!

Beos fressen am liebsten süßes Obst wie Mangos oder Feigen. Aber auch Insekten stehen auf ihrem Speiseplan.

B wie …

Binturong

Steckbrief

Binturong

Lebensraum: tropischer Wald, Regenwald

Verbreitung: Süd- und Südostasien

Größe: bis zu 90 Zentimeter

Ist ein Binturong auf der Erde unterwegs, tritt es mit dem ganzen Fuß auf – was sehr ungewöhnlich für eine Schleichkatze ist.

Kopfüber

Dank Greifschwanz kann er auch mal kopfüber am Ast baumeln.

Der kurzbeinige Binturong wird wegen seines Aussehens auch Marderbär genannt, er ist aber eine Schleichkatze. Damit zählt er zwar zu den Raubkatzen, auf seinem Speiseplan stehen aber vor allem Früchte. Insekten, Vögel, Fische oder Aas verputzt er dagegen seltener. Tagsüber schläft der Baumbewohner in den Baumkronen und wird erst munter, wenn es dämmert. Langsam, aber trotzdem geschickt, klettert er dann von Ast zu Ast. Dabei helfen ihm seine kräftigen Beine, die scharfen Krallen und der Greifschwanz, mit dem er sich wie mit einer Hand an den Ästen festhalten kann. Dieser Schwanz ist einzigartig unter den Säugetieren der Alten Welt, also in Europa, Asien und Afrika!

Feine Spürnase

Mit seiner feinen Nase spürt er Leckerbissen auf. Die weißen, langen Tasthaare helfen ihm, sich im Dunkeln zu orientieren.

Binturongs sind nicht nur gute Kletterer: Sie können auch schwimmen und tauchen.

Schon gewusst?

Schleichkatzen wie der Binturong unterscheiden sich von anderen Katzen durch ihre lange Schnauze, ihren langestreckten Körper und ihre kurzen Beine.

Dufte!

Funny Fact

Popcorn-Duft

Der Binturong riecht nach Popcorn! Unter ihrem Schwanz hat die Katze eine Duftdrüse, die ein Sekret absondert, mit dem die Binturongs Bäume markieren und so mit ihren Artgenossen kommunizieren. Deswegen, lieber nicht mit ins Kino nehmen!

B wie …

Blattschneiderameise

Zu den Blattschneiderameisen gehören verschiedene Ameisenarten, die eines gemeinsam haben: Sie züchten Pilze! Mit ihren Mundwerkzeugen beißen die Arbeiterinnen große Stücke von Blättern ab und transportieren diese zu ihrem Nest. Ihre Last tragen sie mit dem vorderen Beinpaar über dem Kopf. So kann eine Arbeiterin an einem Tag bis zu 2,4 Kilogramm Blätter schleppen! Im Nest werden die Stücke zerkaut. Auf diesem Pflanzenmaterial wächst dann in den Pilzkammern der Pilz, von dem sich der Ameisenstaat ernährt. Der Pilzgarten wird unermüdlich gepflegt und ausgebaut: So säubern ihn die fleißigen Tiere von fremden Pilzarten und tragen Pilzfäden zu frischen Blattstücken, damit er sich vergrößert.

Schon gewusst?

Oft reiten kleine Arbeiterinnen auf dem Rücken der größeren Lastenameisen mit. Sie schützen sie so vor Angriffen von Schmarotzerfliegen oder reinigen die Blätter von Mikroben. Überhaupt sind Blattschneiderameisen straff organisiert und jede Ameise hat eine spezielle Aufgabe.

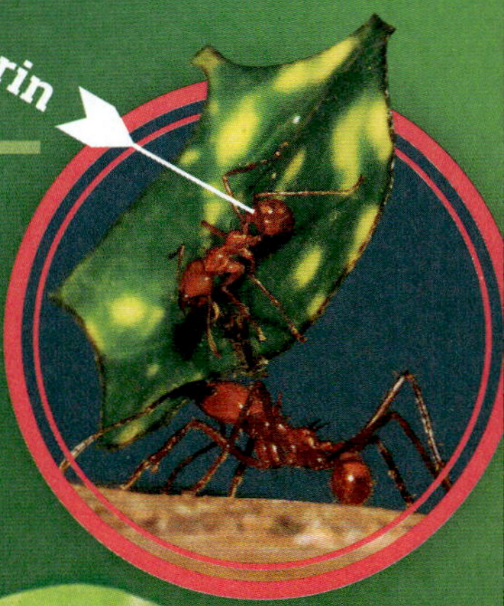

Kleine Arbeiterinnen

Sie kümmern sich nicht nur um die Pflege und den Ausbau des Pilzes, sondern auch um die Larven, die inmitten der Speisekammer aufwachsen.

Ameisenkönigin

Sie sorgt für Nachwuchs. Bis zu 200 Millionen Eier legt sie in ihrem Leben.

Steckbrief

Blattschneiderameise

Lebensraum: auf dem Boden zwischen Laub, auf Gebüsch und Bäumen

Verbreitung: Mittel- und Südamerika

Größe: bis zu 15 Millimeter

Große Arbeiterinnen

Sie besitzen besonders große Kiefer, mit denen sie Stücke aus Blättern herausschneiden.

Unglaublich!

Die Nester von Blattschneiderameisen können bis zu 70 Quadratmeter Grundfläche haben. Das ist so groß wie eine Dreizimmerwohnung!

B wie …

Blaue Ozeanschnecke

Die Blaue Ozeanschnecke wird auch Seeschwalbe genannt. Die Nacktschnecke lässt sich in Gruppen auf der Wasseroberfläche von Wind und Wellen treiben und ernährt sich unter anderem von Quallen. Deren Fangarme besitzen zwar giftige Nesselkapseln, allerdings explodieren diese nicht, wenn die Schnecke sie frisst. So kann ihr das Gift nicht schaden. Warum das so ist, darüber rätseln die Forscher noch. Blaue Ozeanschnecken sind Zwitter, das heißt sowohl männlich als auch weiblich. Nach der Paarung kann deshalb jedes Tier Eier ablegen. Aus diesen schlüpfen dann kleine Larven, die eine Schale haben. Bei der Verwandlung in eine Schnecke geht diese allerdings verloren.

Steckbrief

Blaue Ozeanschnecke

Lebensraum: Meer

Verbreitung: gemäßigte und tropische Meere

Größe: bis zu fünf Zentimeter

Federleicht

Die vielen Ausstülpungen am Körper gleichen kleinen Federn und lassen die Seeschwalbe wirklich wie einen Vogel aussehen.

Bauch nach oben

Die bläulich schillernde Seite der Nacktschnecke ist ihr Bauch. Sie schwimmt also mit dem Bauch nach oben durch das Meer, sodass Raubvögel sie im Wasser nicht entdecken. Ihr grauer Rücken tarnt sie wiederum für die Fressfeinde von unten.

Die Blaue Ozeanschnecke ernährt sich auch von den Fangarmen der Portugiesischen Galeere.

Gasblasen

Mithilfe von Gasblasen treibt die Blaue Ozeanschnecke auf dem Wasser.

Unglaublich!

Die Blaue Ozeanschnecke ist von Natur aus ungiftig. Doch beim Fressen nimmt sie die giftigen Zellen von Quallen auf und speichert sie in ihrem Körper. So wird sie selbst auch giftig.

B wie …

Blaufußtölpel

Tollpatsch

Im Wasser und in der Luft sind die Seevögel alles andere als tölpelhaft: Sie sind hervorragende Segelflieger und geschickte Taucher!

Mit schönen blauen Füßen ist man klar im Vorteil – zumindest wenn man als Blaufußtölpel einem Weibchen imponieren will. Denn nur wer kräftig blaue Füße hat, findet bei diesen Beachtung. Wann immer es geht, setzen die Männchen deshalb ihre Füße in Szene. Die auffällige Fußfarbe entsteht zum einen durch spezielle Fasern in den Schwimmhäuten, die blaues Licht stärker reflektieren. Zum anderen wird sie durch natürliche Farbstoffe, die Carotinoide, erzeugt, die die Tiere mit der Nahrung aufnehmen. Die erfolgreichsten Fischjäger haben also die blauesten Füße – und sind somit besonders gut als Partner für die Aufzucht der Jungen geeignet!

Steckbrief

Blaufußtölpel

Lebensraum: Meer und Küstenregionen

Verbreitung: Westmexiko bis nordwestliches Südamerika, Galapagosinseln

Größe: bis zu 85 Zentimeter

Brutpflege

Die Weibchen legen beim Brüten ihre Füße auf die Eier, denn die sind gut durchblutet und deshalb schön warm.

Funny Fact

Farblos

Wissenschaftler haben Blaufußtölpel auf Diät gesetzt – das Resultat: Bereits nach zwei Tagen werden die Füße immer blasser!

B wie …

Blaukehltragopan

Der Blaukehltragopan gehört zur Familie der Fasane. Während die Weibchen ein eher unauffälliges braunes Gefieder tragen, sind die Männchen mit ihrem orange-blau-schwarzen Kopf und den braun-orangenen Federn prächtig geschmückt. Der Blaukehltragopan lebt in feucht-kühlen Gebirgswäldern oder dichten Bambus- und Rhododendronwäldern in bis zu 3 000 Meter Höhe. Er ernährt sich von Blüten, Blättern, Bambussprossen, Früchten und Insekten. Die schönen Vögel sind sehr scheu: Schon beim kleinsten Geräusch ergreifen sie leise die Flucht. Gerne halten sie sich im Geäst der Bäume auf, wo das Weibchen auch sein Nest baut. Hier legt es drei bis sechs Eier, aus denen nach etwa einem Monat der Nachwuchs schlüpft.

Das Blaukehltragopan-Männchen zeigt stolz sein buntes Federkleid.

Lebensraum

Der Lebensraum der Blaukehltragopane ist der Wald. Er nistet oft auf Bäumen oder auch mal im Gebüsch.

Kehlsack

Vor der Brust trägt das Männchen einen blau-rot-gemusterten Kehlsack, der einem Tuch gleicht.

Unglaublich!

Das Männchen bläht beim Balztanz seinen bunten Kehlsack auf, um damit Weibchen anzulocken. Nur wenn das Weibchen davon stark genug beeindruckt ist, lässt es die Paarung zu.

Futtersuche

Am Tag suchen die Blaukehltragopane auf dem Waldboden nach Nahrung. Nachts ziehen sie sich dagegen im Schutz der Bäume zurück.

Steckbrief

Blaukehltragopan

Lebensraum: Nadelwald, Berge, Hochland

Verbreitung: Südostasien

Größe: bis zu 63 Zentimeter

B wie …

Blauwal

Ruhestörer

Hohe Geräuschbelastung, unter anderem durch den Schiffsverkehr, beeinträchtigt die Gesundheit und das Verhalten der Tiere.

Das größte Tier der Welt

Bis zu zwei Tonnen Plankton kann der riesige Blauwal täglich verspeisen.

Der Blauwal ist ein Tier der Superlative: Mit einer Länge von bis zu 33 Meter und einem Gewicht von maximal 200 Tonnen ist er das größte und schwerste Tier der Erde. Allein das Herz des Giganten wiegt rund 600 Kilogramm – das ist so viel wie eine ausgewachsene Kuh! Seine Hauptschlagader ist ebenfalls riesig: Sie ist so groß, dass ein Mensch hindurchkriechen könnte. Der Meeresriese ernährt sich von winzigen Lebewesen, die im Wasser treiben, dem sogenannten Plankton. Aber auch kleine Krebse oder Fische siebt er mit seinen Barten aus dem Wasser. Diese bestehen aus länglichen Hornplatten und hängen von seinem Oberkiefer herab. Wie alle Meeressäugetiere muss auch der Blauwal zum Atmen an die Wasseroberfläche.

An der Körperunterseite sitzen die Kehlfalten.

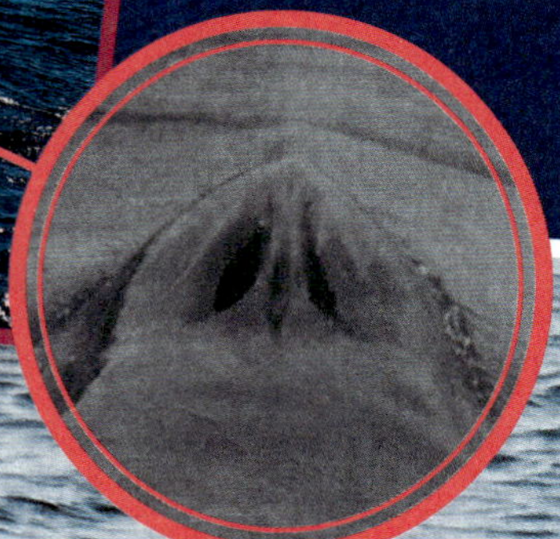

Spritzig!

Wenn der Blauwal auftaucht, stößt er einen sogenannten Blas aus. Das ist eine Wasserfontäne, die aus warmer, feuchter Ausatemluft, Schleim und Meerwasser besteht. Der Blas kann eine Höhe von bis zu neun Meter erreichen.

Übrigens: Der Blauwal ist ein Säugetier und kein Fisch.

Steckbrief

Blauwal

Lebensraum: Meer

Verbreitung: weltweit, außer Mittelmeer, Ostsee, Rotes Meer, Persischer Golf

Größe: bis zu 33 Meter

Gigantische Fluke

Beim Abtauchen ragt die Schwanzflosse oder auch Fluke des Blauwals aus dem Wasser. Bis zu 200 Meter taucht er steil nach unten. Ein Tauchgang kann bis zu 20 Minuten dauern.

B wie …

Bombardierkäfer

Unter Steinen, in Hecken oder lichten Wäldern ist der Kleine Bombardierkäfer zu finden. Er wird zwar nicht länger als sieben Millimeter, ist aber keinesfalls wehrlos! In seinem Hinterleib befindet sich eine sogenannte Explosionskammer, in der er bei Gefahr zwei Flüssigkeiten zusammenführt. Die Stoffe reagieren miteinander und das Ganze explodiert: Eine ätzende und stinkende Gaswolke schießt dann laut knallend aus seinem Hinterteil. Mit bis zu 20 Pupsern hintereinander kann er einen Angreifer bombardieren. Er ist sogar in der Lage, um die Ecke zu pupsen, denn sein Hinterteil lässt sich weit in jede Richtung drehen – seine Feinde gehen also besser in Deckung!

Farbige Pracht

Bombardierkäfer sind meist blau oder grün, selten sind sie auch schwarz gefärbt. Der große Kopf und der Halsschild sind häufig rot.

Komm mir nicht zu nah: Der Käfer und seine stinkende Geheimwaffe.

Nützlich gegen Feinde

Größere Tiere kann er sich mit seiner Geheimwaffe natürlich nicht vom Leib halten. Kleinere Fressfeinde wie Vögel oder Frösche lassen sich damit aber locker in die Flucht schlagen.

Fress-feind

Steckbrief

Kleiner Bombardierkäfer

Lebensraum: Wald, Gebüsch

Verbreitung: Süd- und Mitteleuropa, Asien

Größe: bis zu sieben Millimeter

Unglaublich!

Der Bombardierkäfer pupst nicht nur laut, sondern auch sehr heiß: Bis zu 100 Grad Celsius kann die stinkende Gaswolke haben! Außerdem kann sie bis zu 30 Zentimeter weit reichen.

B wie ...

Bonobo

Schon gewusst?

Der Name Bonobo leitet sich wahrscheinlich von einem kongolesischen Ort namens Bolobo ab. Von dort wurden die ersten Tiere nach Europa gebracht.

Die Bonobos sind enge Verwandte der Gemeinen Schimpansen. Sie sind allerdings zierlicher gebaut und haben vor allem ein friedfertigeres Wesen. Sie lieben Gesellschaft und leben in großen Gruppen zusammen. Aus bis zu 80 Tieren oder auch mehr kann eine solche Gruppe bestehen. Ihre Schlafnester liegen hoch oben in den Bäumen. Konflikte lösen die Menschenaffen meist friedlich, Liebkosungen spielen eine große Rolle in ihrem Sozialleben. So teilen sie etwa ihre Nahrung mit anderen Tieren und erhalten im Gegenzug Streicheleinheiten. Bonobos ernähren sich hauptsächlich von Früchten, aber sie verspeisen auch Blätter und Insekten.

Junge Bonobos werden etwa vier Jahre lang gesäugt und bleiben etwa bis zum Alter von zehn Jahren bei ihrer Mutter.

Um an ihr Futter zu kommen, benutzen Bonobos auch Werkzeuge wie Äste oder Steine.

Funny Fact

Ganz schön affig!

Das Erbgut von Menschen, Bonobos und Schimpansen ist zu 98 Prozent identisch.

Geschickter Jäger

Bonobos gehen meist allein auf die Jagd und dann auch nur, wenn sich eine Gelegenheit bietet.

Steckbrief

Bonobo

Lebensraum: tropischer Wald und Regenwald

Verbreitung: Zentralafrika

Größe: bis zu 83 Zentimeter

B wie ...

Braunbär

Schon gewusst?

Auch wenn der Braunbär sehr gefährlich ist, meidet er den Menschen eher. Er greift nur an, wenn er bedroht oder verletzt wird oder eine Mutter ihre Jungen schützen will.

Braunbären sind vor allem in großen Wäldern zu Hause. Auf dem Speiseplan des mächtigen Allesfressers stehen Wurzeln, Beeren und Blätter ebenso wie Eier, Insektenlarven, Fische, Nagetiere und Aas. Weil er im Winter zu wenig Nahrung findet, muss er sich schon im Herbst eine dicke Speckschicht anfuttern. Bis zu drei Kilogramm legt er dann am Tag zu. Während der kalten Jahreszeit zieht er sich in seine Höhle zurück, um Winterruhe zu halten. Bis zu viereinhalb Monate kommt er ohne Nahrung aus. Im Januar bringt das Weibchen seine Jungen zur Welt. Nach der Geburt sind sie noch blind und nicht größer als ein Meerschweinchen. Doch sie wachsen schnell! Im Frühling verlassen sie schließlich zum ersten Mal mit ihrer Mutter die schützende Höhle.

Auf Lachsfang

Wenn die Lachse zu ihren Laichplätzen wandern, beginnt für die Bären, die an den Küsten leben, eine paradiesische Zeit: Sie stehen im Wasser und essen sich satt.

Unglaublich!

Der auf der Insel Kodiak vorkommende Kodiakbär ist neben dem sibirischen Kamtschatkabär der größte unter den Braunbären. Er kann bis zu 1 000 Kilogramm schwer werden. Das ist in etwa das Gewicht eines kleinen Autos.

Meist laufen Braunbären auf allen Vieren. Doch wenn sie sich bedroht fühlen, stellen sie sich auf die Hinterbeine. Dann wirken sie noch viel größer und furchterregender.

Steckbrief

Braunbär

Lebensraum: Laub- und Nadelwälder, Gebirge, Wüste und Halbwüste

Verbreitung: nordwestliches Nordamerika, Nordeuropa, Asien

Größe: bis zu drei Meter

B wie …

Brauner Pelikan

Rekord

2 Meter

betrug die größte Flügelspannweite, die bis heute bei einem Braunen Pelikan gemessen wurde.

Im Flug zieht der Pelikan seinen Hals ein und legt den Kopf zwischen die Schultern.

Sturzflug

Schon gewusst?

Anders als alle anderen Pelikane stürzt sich der Braune Pelikan aus bis zu zehn Meter Höhe ins Wasser, um einen Fisch zu fangen.

Der Braune Pelikan ist die kleinste und leichteste Pelikanart. Trotzdem hat der große Vogel noch eine Flügelspannweite von rund zwei Metern und wird bis zu vier Kilogramm schwer. An Land bewegt er sich ziemlich unbeholfen, er ist jedoch ein ausgezeichneter Schwimmer und eleganter Flieger. Wie alle Pelikane hat er einen großen Schnabel, an dessen Unterseite ein extrem dehnbarer Kehlsack hängt. Den nutzt er wie einen Kescher, um damit Fische aus dem Wasser zu fangen. Zappelt die Beute im Schnabel, legt er zuerst den Kopf schief, um das mit aufgenommene Wasser aus dem Kehlsack zu lassen – das kann bis zu einer Minute dauern! Anschließend wird der Fisch verschluckt.

Steckbrief

Brauner Pelikan

Lebensraum: Sümpfe, Küstenregionen, Meer

Verbreitung: Nord- bis Südamerika, Karibik

Größe: bis zu 1,50 Meter

Brutkolonie

Braune Pelikane sind gesellige Tiere, die ihre Nester in großen Kolonien bauen.

Angeberwissen

Die Jungtiere des Braunen Pelikans fressen etwa 25 Kilogramm Fisch, bevor sie schließlich das Nest verlassen und selbstständig werden.

B wie …

Brillenschlange

Die Brillenschlange mag es feucht und kommt daher meist in Wassernähe oder in Reisfeldern vor. Hier jagt sie in der Dunkelheit kleinere Tiere wie Frösche, Ratten oder Vögel. Sie ist ein Einzelgänger und in der Regel scheu. Fühlt sie sich bedroht, kann sie allerdings extrem gefährlich werden! Dann richtet sie ihren Vorderkörper auf und spannt ihren auffälligen Halsschild auf, indem sie ihre Halsrippen abspreizt. Nun ist die typische Brillenzeichnung gut erkennbar! Wenn sie zuschnappt, endet das für ihr Opfer meist tödlich, denn ihr lähmendes Gift ist sehr stark. Ihr wissenschaftlicher Name Naja naja stammt übrigens aus dem Indischen: »Naga« bedeutet im Sanskrit Schlange.

Vorsicht bissig!

Die Brillenschlange ist nicht nur sehr giftig, sondern hält sich auch gerne in der Nähe von Menschen auf. In Indien sterben zum Beispiel sehr viele Menschen durch Brillenschlangenbisse.

Indem sie ihre Halsrippen abspreizt, klappt sich der Halsschild mit dem typischen Brillenmuster auf.

Das Brillenmuster ist dann gut zu erkennen, wenn sich die Schlange aufrichtet.

Schon gewusst?

Schlangenbeschwörer in Indien nutzen die Brillenschlange für ihre Vorführungen; allerdings besitzen diese Schlangen dann meist keine Giftzähne mehr. Viele Schlangen sterben beim Zähneentfernen.

Angeberwissen

Die Brille auf ihrem Halsschild ist das Markenzeichen der Brillenschlange. Es ist allerdings nicht bei allen Exemplaren gleich deutlich zu sehen. So sind die in Nepal vorkommenden Brillenschlangen häufig schwarz gefärbt und die Zeichnung ist nur sehr undeutlich zu erkennen.

Steckbrief

Brillenschlange

Lebensraum: tropischer Wald, Regenwald, Grasland, Felder, Gebüsch, Stadtbereiche

Verbreitung: Südasien

Größe: bis zu zwei Meter

B wie …

Brückenechse

Die Brückenechse verbringt den Tag meist in ihrer Erdhöhle und kommt erst in der Dämmerung heraus. Manchmal sitzt sie dann regungslos auf einer Stelle. Auf diese Weise ist sie für Vögel aus der Luft kaum zu entdecken. Im Vergleich zu den meisten anderen Reptilien braucht sie weniger Wärme und ist auch bei kühleren Temperaturen aktiv. Deshalb ist aber auch ihr Stoffwechsel niedriger und sie wächst nur sehr langsam: etwa 50 Zentimeter in 35 Jahren. Sie kann außerdem weit über 75 Jahre alt werden! Nach der Paarung baut das Weibchen für seine Eier eine Bruthöhle, die es mit Gras und Erde auspolstert. Nachts bewacht es sein Gelege, bis nach 13 bis 15 Monaten die Jungen schlüpfen.

Schon gewusst?

In Neuseeland heißen die Brückenechsen auch Tuatara. Das ist ihr Maoriname und bedeutet Stachelträger.

Bruthöhle

Während die Brückenechsen brüten, bewegen sie sich für die Jagd meist nicht weit fort. Dann lauern sie ihrer Beute direkt vorm Höhleneingang auf.

Unglaublich!

Brückenechsen haben ein drittes Auge, das sogenannte Scheitelauge. Damit unterscheiden sie hell und dunkel. Zudem können sie mit seiner Hilfe Temperaturschwankungen erkennen und ihren Schlaf-Wach-Rhythmus sowie den Beginn und das Ende der Winterruhe steuern.

Die Brückenechse ernährt sich vorwiegend von Insekten, Spinnen, Schnecken und Regenwürmern. Aber auch Eier und Küken von Seevögeln lässt sie sich schmecken.

Steckbrief

Brückenechse

Lebensraum: Küstenregionen

Verbreitung: Neuseeland

Größe: bis zu 60 Zentimeter

B wie …

Brüllaffe

Schallverstärker

Der große Kehlkopf und ein besonders geformtes Zungenbein funktionieren zusammen wie ein Schallverstärker.

Bis zu fünf Kilometer weit schallt der Ruf des Brüllaffen durch den Regenwald. Damit gehört das stimmgewaltige Tier zu den lautesten im ganzen Tierreich. Mit ihrem Brüllen verständigen sie sich mit anderen Horden. So teilen sie etwa mit, wo sie sich gerade befinden, um ein Zusammentreffen zu vermeiden. Auch wenn ein einzelnes Tier in eine Horde aufgenommen werden möchte, fragt es mit einem Brüllen an – und die Antwort wird zurückgebrüllt. Brüllaffen besitzen einen kräftigen Greifschwanz, dessen Schwanzspitze nackt ist und beim Klettern als fünfte Hand dient. So können sie sich mit dem Schwanz an einen Ast hängen und gleichzeitig mit Armen und Beinen Blätter und Früchte pflücken.

Die Schwanzspitze mit ihrer nackten Unterseite sorgt für einen besseren Halt beim Klettern.

Auch wenn dieser Affe gerade sehr aktiv ist: Brüllaffen liegen fast drei Viertel des Tages gemütlich herum!

Rekord

100 Dezibel

laut können Brüllaffen schreien. Sie sind damit lauter als jede andere Affenart.

Schon gewusst?

Brüllaffen leben in Horden zusammen. Damit es in der Affenschar friedlich bleibt, muss sie aus mindestens drei- bis viermal so vielen Weibchen wie Männchen bestehen. Wird die Anzahl der Männchen zu groß, werden männliche Jungtiere verjagt oder sogar getötet.

Steckbrief

Brüllaffe

Lebensraum: Baumkronen der Regenwälder, Gebirgswälder, trockene Laubwälder, Savannen

Verbreitung: Mittel- und Südamerika

Größe: bis zu 60 Zentimeter

B wie ... Buntspecht

Steckbrief

Buntspecht

Lebensraum: gemäßigter Wald, Nadelwald, Stadtbereiche

Verbreitung: Europa, Asien, Nordafrika

Größe: bis zu 23 Zentimeter

Nesthocker

Die Jungen des Buntspechts werden selbst nach dem Verlassen der Höhle noch einige Tage von den Eltern mit Futter versorgt.

Ab Februar ist das laute Klopfen des Buntspechtes in unseren Wäldern zu hören: Der schwarz-weiße Vogel mit den auffälligen roten Flecken grenzt mit dem Trommeln sein Revier ab und versucht, eine Partnerin anzulocken. Ein einzelner Trommelwirbel dauert etwa zwei Sekunden und besteht aus zehn bis 16 Schlägen. Auch die Weibchen machen auf diese Weise auf sich aufmerksam. War das Werben erfolgreich, zimmert das Buntspechtpaar häufig gemeinsam eine Bruthöhle in einen Baumstamm. Bis zu sieben Eier brütet das Weibchen darin aus. Sind die Jungen geschlüpft, kümmern sich die Eltern um ihren Nachwuchs, bis dieser nach etwa vier Wochen das Nest verlässt.

Spechtschmieden

So nennt man Spalten und Löcher, in die Spechte ihre hartschalige Nahrung, wie Nüsse oder Zapfen, einklemmen und dann knacken.

Das Buntspecht-Männchen erkennt man an einem roten Fleck im Nacken, der dem Weibchen fehlt. Die Jungtiere haben zusätzlich noch eine rote Kopfoberseite.

Schon gewusst?

Trotz des vielen Klopfens bekommt der Specht keine Kopfschmerzen. Das liegt daran, dass der Kopf des Spechtes perfekt an seine Arbeit angepasst ist: So hat er eine Art Stoßdämpfer am Schnabel, der die Schläge abschwächt. Sein Gehirn liegt auch nicht direkt hinter dem Schnabel, sondern etwas höher und ist von weniger Gehirnflüssigkeit umgeben.

C wie …

Chamäleon

Geduldig sitzt das Chamäleon im Geäst und wartet auf seine Beute. Nur seine beiden Augen bewegen sich – und zwar in alle Richtungen und unabhängig voneinander! So kann es die ganze Umgebung rundherum nach einem Beutetier absuchen. Wie das Reptil die beiden Bilder im Gehirn verarbeitet, ist bis heute ungeklärt. Sobald es ein Opfer ausfindig gemacht hat, lässt es dieses auch nicht mehr aus den Augen. Dann öffnet es langsam sein Maul und lässt blitzschnell seine lange Zunge herausschnellen, um es zu fangen. An deren Ende befindet sich eine Art klebriger Saugnapf, an dem das Insekt hängen bleibt, sodass es beim Zurückschnellen der Zunge ins Chamäleonmaul gezogen wird.

Unglaublich!

Forscher haben herausgefunden, wie das Chamäleon seine Farbe ändert: mit winzigen Kristallen! Unter der Haut der Tiere sind zwei Schichten mit besonderen Zellen, die ihre Anordnung verändern können. Je nach Aufbau der Hautschicht wird das Licht unterschiedlich gebrochen und reflektiert.

Immer mit der Ruhe

Chamäleons sind sehr ruhige Tiere. Oft sitzen sie unbeweglich und gut versteckt zwischen den Zweigen.

Steckbrief

Chamäleon

Lebensraum: Regenwald, Wüste

Verbreitung: Afrika, Indien, Mittelmeerregion

Größe: bis zu 60 Zentimeter

Farbwechsel

Chamäleons ändern ihre Farbe nicht, um sich bewusst zu tarnen! Vielmehr hängt ihre Farbgebung von ihrer jeweiligen Stimmungslage ab. Sie benutzen ihre Farben also, um mit ihren Artgenossen zu kommunizieren.

Die meisten Chamäleons sind Baumbewohner. Mit ihren zangenähnlichen Füßen können sie sich hervorragend an Ästen festhalten.

Angeberwissen

Die Zunge des Chamäleons ist eine der erstaunlichsten Erfindungen der Natur und eine tödliche Waffe. Wie einen Pfeil aus dem Bogen kann das Reptil seine Zunge nach vorne schießen, die dabei das 50-Fache der Erdbeschleunigung erreicht. Das bedeutet, dass die Zunge etwa fünfmal so schnell wie ein Kampfjet beschleunigt.

C wie …

Clownfisch

Der Clownfisch verdankt seinen Namen seiner leuchtend bunten Färbung. Diese hilft ihm, seine Artgenossen unter den vielen bunten Fischen, die sich im Korallenriff tummeln, zu finden. Er wird auch Anemonenfisch genannt, da er mit den Seeanemonen eine nützliche Partnerschaft eingeht. In deren giftigen Nesselarmen findet der kleine Fisch Schutz vor seinen Fressfeinden. Im Gegenzug verteidigt er die Anemone wiederum gegen einige ihrer Feinde. Da der Clownfisch ein schlechter Schwimmer ist, entfernt er sich nie weit von seinem Versteck. Sobald sich ein Angreifer nähert, flüchtet er sich in die Tentakel der Anemone. Folgt der Räuber dem Clownfisch, schlagen die giftigen Fangarme zu – und der Räuber wird selbst zur Beute.

Bunte Mischung

Es gibt sehr viele verschiedene Clownfischarten. Je nachdem wo sie leben, sehen sie auch anders aus:
(1) Clark-Anemonenfisch,
(2) Orange-Anemonenfisch und
(3) Weißbinden-Glühkohlen-Anemonenfisch.

Steckbrief

Clownfisch

Lebensraum: Korallenriffe
Verbreitung: Indopazifik
Größe: bis zu zehn Zentimeter

Anemonenfische leben in Kleingruppen in ihrer Seeanemone.

Schon gewusst?

Anemonen gehören zu den Blumentieren. Viele Arten fressen Fische, Krebse und Schnecken, die sie mit ihrem Gift betäuben. Dem Clownfisch können sie allerdings nichts anhaben, denn eine Schleimschicht auf seiner Haut schützt ihn vor dem Gift.

Unglaublich!

Alle Clownfische werden zunächst als Männchen geboren. Stirbt allerdings das einzige Weibchen der Gruppe, wird das größte Männchen zum Weibchen. Stirbt nun dieses Weibchen auch wieder, entwickelt sich der nächstgrößere Fisch zum Weibchen und so weiter.

D wie …

Doppelhornvogel

Steckbrief

Doppelhornvogel

Lebensraum: Regenwald

Verbreitung: Süd- und Südostasien

Größe: bis zu 1,50 Meter

Flügel

Seine Flügel können eine Spannweite von bis zu 1,50 Metern erreichen.

Obwohl der Doppelhornvogel eigentlich im Dschungel auf Bäumen lebt, kann er bis in Höhen von 2 000 Metern angetroffen werden.

Wie bei allen Nashornvögeln thront auch auf dem Schnabel des Doppelhornvogels ein auffälliger Aufsatz. Dieser sieht zwar schwer aus, ist aber ganz leicht, denn er besteht aus lockerem, schwammartigem Knochengewebe. Forscher vermuten, dass er als Schalltrichter dient, damit der Vogel lauter klingt. Der gesellige Baumbewohner frisst gerne Fruchtfleisch, vor allem von Feigen. Mit seinem langen, gebogenen Schnabel erreicht er auch noch Früchte, die an ganz dünnen Zweigen hängen und auf die er wegen seines Gewichts – er kommt immerhin auf bis zu drei Kilogramm! – nicht mehr klettern kann. Die Nacht verbringen die tagaktiven Vögel in ihren Schlafnestern in den Baumkronen des Regenwaldes.

Mahlzeit

Doppelhornvögel müssen nicht trinken. Die Früchte auf ihrem Speiseplan enthalten ausreichend Flüssigkeit.

Baumhöhle

Tüchtiger Papa: Das Männchen bringt Futter zur Bruthöhle im Baum.

Angeberwissen

Ein Doppelhornvogelpaar bleibt ein Leben lang zusammen. Während der Brutzeit mauert sich das Weibchen in einer Baumhöhle ein und nur ein schmaler Schlitz wird offen gelassen. Über diesen Schlitz versorgt das Männchen das Weibchen und den Nachwuchs.

Männchen und Weibchen unterscheiden sich äußerlich kaum voneinander. Ein Unterscheidungsmerkmal ist jedoch die Iris: Bei Männchen ist sie rotbraun, während die der Weibchen weiß ist.

D wie …

Dornteufel

Fast Food

Um an möglichst viel Futter zu kommen, stellt sich der Dornteufel ganz nah an eine Ameisenstraße. Dann fängt er die Insekten blitzschnell mit der Zunge und knackt ihre Panzer mit seinen Backenzähnen.

Gefährlicher kann eine Echse kaum aussehen: Der Körper des Dornteufels ist über und über mit Stacheln und Dornen bedeckt, besonders große prangen auf Nase und Hals. Ruckartig läuft er durch den Wüstensand und zischt bei Gefahr bedrohlich. Doch der erste Eindruck täuscht: Der Wüstenbewohner ist ganz harmlos und sein furchterregendes Aussehen dient nur als Abschreckung. In der Nacht ruht er in seinem selbst gegrabenen Versteck. Am Tag kommt die Echse heraus, um sich zu sonnen oder auf Nahrungssuche zu gehen. Da das Nahrungsangebot in der Wüste beschränkt ist, hat sie sich auf Ameisen und Termiten spezialisiert – über 2 000 Stück kann der Dornteufel pro Mahlzeit verputzen!

Steckbrief

Dornteufel

Lebensraum: Wüste
Verbreitung: Australien
Größe: bis zu 20 Zentimeter

Unglaublich!

Der Dornteufel hat eine besonders geniale Strategie entwickelt, um auch in der extrem trockenen Wüste an Wasser zu kommen: Regen, Tau und Nebel laufen über spezielle Rillen an seinem Panzer ab und direkt zu seinem Maul.

Schon gewusst?

Selbst der Name der Echse ist zum Gruseln: Der Dornteufel wird nämlich auch Moloch genannt. Das ist der Name einer alten Gottheit, die mit Menschenopfern geehrt wurde.

Ein Dino in der Wüste?! Der Dornteufel ist hervorragend an das Leben in seiner trockenen Heimat angepasst.

D wie …

Dosenschildkröte

Freund oder Feind? Die Dosenschildkröte bleibt lieber erst mal in Deckung – gut geschützt im eigenen Haus.

Steckbrief

Dosenschildkröte

Lebensraum: gemäßigte Wälder, Grasland, Parks und Gärten

Verbreitung: östliche USA

Größe: bis zu 20 Zentimeter

Dosenschildkröten kommen häufig in der Nähe von Gewässern vor. Sie leben zwar in der Regel an Land, sind aber gute Schwimmer. Wegen des im Panzer gespeicherten Fetts können sie allerdings nur schlecht tauchen. Eine Ausnahme ist da die mexikanische Coahuila-Dosenschildkröte, die viel Zeit im Wasser verbringt und ein guter Taucher ist. Morgens und abends machen sich die Dosenschildkröten auf die Suche nach Futter. Sie sind Allesfresser, die sowohl Pflanzen als auch kleine Tiere, wie Würmer, Schnecken und Insekten, verspeisen. Die Farbe ihres hochgewölbten Panzers kann recht unterschiedlich ausfallen. Meist ist sie schwarzbraun mit gelben Flecken und Streifen.

Schon gewusst?

Im heißen Sommer versteckt sich die Dosenschildkröte gerne im kühlen Schlamm und schläft. In der Dämmerung kommt sie wieder heraus und begibt sich auf Futtersuche.

Funny Fact

Eingedost

Bei Gefahr zieht die Schildkröte den Kopf ein und hebt den vorderen und hinteren Teil des Bauchpanzers an. So ist sie wie in einer Dose komplett eingeschlossen und rundum geschützt.

Einklapphilfe: Am Bauchpanzer der Dosenschildkröte sitzt ein bewegliches Scharnier.

D wie ...

Dugong

Trotz ihrer mächtigen Gestalt sind Dugongs eher scheue Tiere. Sie halten sich gern im trüben Meerwasser auf und flüchten, wenn sie sich gestört fühlen. Ihre Jungen bringen sie meist in seichten Gewässern mit sandigem Boden zur Welt. Denn hier sind die Kleinen gut vor Fressfeinden geschützt. Direkt nach der Geburt drückt die Mutter ihr Junges an die Wasseroberfläche, damit es atmen kann. Rund zwei Jahre bleibt es dann dicht bei ihr. Erwachsene Dugongs haben nur wenige Feinde, wie große Haie oder Schwertwale. Bei Angriffen schützt sie ihre dicke, robuste Haut. Außerdem schließen sich ihre Wunden besonders gut, weil ihr Blut extrem schnell gerinnt.

Etwa 13 Monate dauert die Tragzeit bei Dugongs. Das Junge wiegt bei der Geburt schon gut 20 Kilogramm!

Zeig mir deine Flosse ...

Die Schwanzflosse des Dugongs ist halbmondförmig. So kann man ihn auch von den Manatis, einer anderen Seekuhart, unterscheiden – denn deren Schwanzflossen sind wie Paddel geformt.

Schon gewusst?

Dugongs sind Seekühe und sehen Robben oder Walen ziemlich ähnlich. In Wirklichkeit sind sie aber näher mit den Elefanten verwandt.

Steckbrief

Dugong

Lebensraum: Fließgewässer und Küstenregionen

Verbreitung: Ostafrika, Westasien, Südasien, Südostasien, Pazifik, Australien

Größe: bis zu vier Meter

Rasenmäher unter Wasser

Dugongs sind die Gärtner der Meeresböden. Zur Futteraufnahme fahren sie mit ihrem Maul über den Grund, um Pflanzen abzureißen und zu fressen.

E wie …

Eisbär

Das dichte, ölige Fell des Eisbären ist wasserabweisend; die äußeren Fellhaare sind hohl, was für eine gute Wärmedämmung sorgt.

Unglaublich!

Das Fell des Eisbären ist gar nicht weiß! In Wirklichkeit sind die Haare durchsichtig und hohl, um das Licht besser auf die schwarze Haut leiten zu können, wo es dann als Wärme gespeichert wird. Für uns wird das Fell erst durch die Lichtreflexion weiß.

Der Eisbär liebt es frostig: Er lebt in der Arktis und verbringt seine Zeit auf dem Packeis, das das Polarmeer bedeckt. Sein dickes Fell und eine fast zehn Zentimeter dicke Fettschicht halten den weißen Riesen auch bei Temperaturen von minus 50 Grad Celsius noch warm. Das Fell auf den Pfoten sorgt dafür, dass er auf dem Eis nicht ausrutscht. Aufgrund der Schwimmhäute zwischen den Zehen ist er ein guter Schwimmer und kann bis zu zwei Minuten lang im eiskalten Wasser tauchen. Der Eisbär frisst am liebsten Robben. Oft lauert er auf dem Eis vor einem Atemloch der Tiere. Strecken diese den Kopf zum Luftholen heraus, fischt er sein Opfer mit seinen dicken Pranken aus dem Wasser.

Wohnung im Eis

Bei extremen Wetterverhältnissen lassen sich Eisbären einschneien. In solchen Schneehöhlen bringen sie auch ihre Jungen zu Welt.

Kraftpaket

Eisbären haben keine natürlichen Feinde. Nur der Mensch ist eine Bedrohung für sie.

Steckbrief

Eisbär

Lebensraum: Packeis im Nordpolarmeer
Verbreitung: Nordkanada, Arktis
Größe: bis zu drei Meter

Dank der Schwimmhäute zwischen den Zehen kann der Eisbär seine Pfoten wie Paddel benutzen.

E wie …

Eisvogel

Angeberwissen

Wenn viele Eisvögel an einem Bach leben, ist das ein Zeichen dafür, dass das Gewässer gesund ist. An einem Bach oder Fluss, an dem viel Industrie steht, findet man Eisvögel selten.

Das farbenprächtige Gefieder macht den kleinen Vogel unverwechselbar.

Wie ein fliegender Edelstein sieht der Eisvogel mit seinem leuchtend blauen Gefieder aus. Der zierliche Vogel ist auch in Deutschland heimisch. Allerdings ist er hier selten geworden und wird streng geschützt. Häufig sitzt er reglos auf einem Baum in der Nähe eines Gewässers. Erspäht er einen Fisch, stürzt er sich beinahe senkrecht ins Wasser und packt seine Beute mit dem Schnabel. Dann kehrt er zu seinem Ast zurück, um den Fisch dort mit dem Kopf voran und im Ganzen zu verspeisen. Seine Bruthöhlen gräbt er in den Lehm von Steilufern und Böschungen. Hier legt das Weibchen sechs bis acht Eier, aus denen nach drei Wochen die jungen Vögel schlüpfen.

Geschickter Artist

Die Jagdtechnik des Eisvogels nennt man Stoßtauchen. Er kann sich nicht nur von einer Anhöhe, sondern auch aus dem sogenannten Rüttelflug heraus auf seine Beute stürzen. **(1)** *Dabei bleibt er kurz in der Luft stehen, um dann hinabzustoßen.* **(2)** *Bis zu 25 Zentimeter tief taucht er nach Fischen.* **(3)** *Dann verspeist er seine Beute auf einem Baum.*

Steckbrief

Eisvogel

Lebensraum: Feuchtgebiete, Fließgewässer, Sümpfe, Küstenregionen, Parks und Gärten

Verbreitung: Europa, Asien, Nordafrika

Größe: bis zu 20 Zentimeter

Elch

Geweih

Die Geweihe der Männchen können bis zu zwei Meter breit und bis zu 20 Kilogramm schwer werden.

Der Elch ist der größte Hirsch der Erde. Doch trotz seines massigen Körperbaus kann er sich ganz leise durch den Wald bewegen und im Unterholz verschwinden.

Unglaublich!

In den letzten Jahren wanderten vereinzelt Elche von Osteuropa nach Deutschland ein. Im August 2014 verirrte sich ein junger Elchbulle in ein Dresdner Bürogebäude. Er wurde betäubt und dann in den Wäldern Ostsachsens ausgesetzt.

Bloß nicht zu warm!

Am liebsten halten Elche sich in Regionen auf, in denen die Temperatur zwischen minus 20 und plus 10 Grad Celsius liegt.

Sein mächtiges, schaufelförmiges Geweih und seine beeindruckende Größe machen den Elch zum König der Wälder. Der Einzelgänger lebt meist in sumpfigen Waldgebieten des hohen Nordens. Hier fühlt er sich auch noch bei eiskalten Temperaturen wohl, Hitze dagegen mag er nicht. Auf der Suche nach Nahrung durchstreift er sein Revier. Auf seinem Speiseplan steht vor allem Baumrinde, die er mit seiner großen, knorpeligen Oberlippe von den Zweigen zieht. Außerdem frisst er junge Triebe, Knospen, Blätter und Wasserpflanzen. Mit seinen langen Beinen überwindet er auch höhere Hindernisse oder stapft durch tiefen Schnee. Außerdem ist er ein schneller Läufer und kann vor seinen Feinden, zum Beispiel Wölfen oder Bären, fliehen.

Sommer oder Winter?

Die Fellfarbe kann rötlich braun bis schwarzbraun sein. Im Sommer ist das Fell dunkler als im Winter.

Elchkuh

Weibliche Elche werden Elchkühe genannt und haben kein Geweih. Dennoch können sie ihre Jungen sehr gut verteidigen.

Schon gewusst?

Elche sind sehr gute Schwimmer. Ihre Höchstgeschwindigkeit liegt bei zehn Stundenkilometern. Auch längere Strecken bis zu 30 Kilometer sind für sie kein Problem.

Steckbrief

Elch

Lebensraum: gemäßigter Wald, Nadelwald, Feuchtgebiete

Verbreitung: Alaska, Kanada, Nordeuropa bis Nord- und Ostasien

Größe: bis zu 3,50 Meter

E wie ...

Erdmännchen

Steckbrief

Erdmännchen

Lebensraum: Savanne, Halbwüste
Verbreitung: Südafrika
Größe: bis zu 35 Zentimeter

Raubtierzähne

Scharfe Zähne

Erdmännchen sind kleine Räuber, deren Gebiss die typischen Eckzähne der Raubtiere hat. Sie dienen zum Fangen der Beute.

Standortwechsel

Weil die Tiere bei der Nahrungssuche in der Nähe ihres Baus bleiben, kommt es dort schnell zu Futtermangel. Deshalb müssen sie regelmäßig umziehen.

»Sonnenbrille«

Um ihre Augen haben Erdmännchen immer einen schwarzen Kreis. Der ist nicht zur Zierde da, sondern durchaus nützlich. Die dunklen Haare reflektieren das Sonnenlicht nicht so stark und das Erdmännchen kann auch bei hellen Lichtverhältnissen gut sehen.

Erdmännchen lieben Gesellschaft. Bis zu 30 Tiere gehören zu einer Kolonie und leben in einem Bau zusammen. Damit sie diesen nicht selbst graben müssen, übernehmen sie meist den Bau eines Erdhörnchens oder anderen Tieres und erweitern ihn. Die flinken Erdmännchen bleiben auch bei der Futtersuche immer in der Nähe ihres Verstecks, um bei Gefahr schnell darin verschwinden zu können. Auf dem Speiseplan der kleinen Raubtiere stehen Insekten, Spinnen und sogar giftige Skorpione! Um diese gefahrlos zu vertilgen, schlägt ein Erdmännchen so lange mit seinen Vorderpfoten auf den Skorpion ein, bis dieser betäubt ist. Anschließend kaut das Erdmännchen den Giftstachel des Skorpions ab.

Pfoten

Erdmännchen sind Scharrtiere. Sie haben Grabekrallen, mit denen sie Höhlen buddeln und im Boden nach Nahrung scharren.

Erdmännchen lieben es warm und genießen gerne ein Sonnenbad vor ihrem Bau.

Unglaublich!

Bei den Erdmännchen gibt es eine klare Aufgabenverteilung. Während ein Teil der Gruppe auf Nahrungssuche ist, stehen die anderen in typischer, aufgerichteter Haltung Wache. Bei Gefahr warnen sie mit Bellrufen und schrillen Tönen.

E wie …

Eulenschwalm

Funny Fact

Mogelpackung

Anscheinend sind auch seine Namensgeber auf den Eulenschwalm hereingefallen. Denn der Vogel ist keineswegs eine Eule; vielmehr ist er mit den Schwalben verwandt!

Großmaul

Wenn Gefahr droht, reißt der Vogel auch schon mal seinen Schnabel auf.

Wenn der Eulenschwalm tagsüber bewegungslos im dichten Geäst eines Baumes ruht, ist er kaum zu entdecken: Sein braungraues Gefieder sieht aus wie Baumrinde – eine perfekte Tarnung! Der Vogel hat einen auffallend breiten Schnabel, weshalb er im Englischen auch »frogmouth« (Froschmaul) genannt wird. In der Dämmerung jagt er Insekten, aber auch Schnecken, Skorpione, Eidechsen, kleine Schlangen oder Mäuse. Der Eulenschwalm lebt allein oder mit einem Partner zusammen. Nachdem das Weibchen zwei bis drei Eier gelegt hat, kümmert sich das Elternpaar gemeinsam um den Nachwuchs. Es wechselt sich beim Brüten ab und füttert die Jungen nach dem Schlüpfen mit Insekten.

Steckbrief

Eulenschwalm

Lebensraum: offene Waldgebiete, Flussufer, Buschland

Verbreitung: Australien, Südasien

Größe: bis zu 50 Zentimeter

Perfekt getarnt

Unglaublich!

Wenn dem Eulenschwalm Gefahr droht, fällt er in eine Starre. Durch diesen Trick ist er kaum noch von dem Baum zu unterscheiden, auf dem er gerade sitzt. Kommt der Feind zu nah heran, flüchtet der Vogel allerdings.

Immer mit der Ruhe!

Meist ruht der Eulenschwalm tagsüber auf einem Ast. Erst in der Dämmerung macht er sich auf die Suche nach Futter.

E wie … Eurasischer Biber

Die Eurasischen Biber sind Europas größte Nagetiere. Mit ihren extrem harten Nagezähnen können sie ganze Bäume fällen. Diese werden zerlegt und als Baumaterial oder Nahrung verwendet. Die Nagezähne wachsen immer wieder nach. Und da deren orangefarbene Vorderseite härter als die Hinterseite ist, schärfen sie sich beim Nagen von selbst. Biber errichten Bauten, die sie mit ihrer Familie bewohnen. Die Eingänge liegen stets unter Wasser, Gänge führen in eine trockene Wohnhöhle. Werden die Wände zu dünn, häufen die Tiere weitere Zweige darauf, sodass mit der Zeit eine typische Biberburg entsteht. Der Bau kann über mehrere Generationen bewohnt werden und bietet auch anderen Tieren ein Zuhause.

Unglaublich!

An Land wirken Biber eher langsam und unbeholfen. Aber im Wasser zeigen sie so richtig, was sie können. Der Eurasische Biber kann bis zu 25 Minuten unter Wasser bleiben!

Steckbrief

Eurasischer Biber

Lebensraum: Feuchtgebiete und Fließgewässer

Verbreitung: Europa

Größe: bis zu 1,10 Meter

Biberschwanz

Er ist platt, unbehaart und wird als Steuer und Fettspeicher genutzt. Will ein Biber Artgenossen vor einer Gefahr warnen, schlägt er damit auf die Wasseroberfläche.

Zum Klettern sind Biber zu schwer. Deshalb müssen sie Bäume fällen, um an die bekömmlichere Rinde in den Baumkronen zu gelangen.

Angeberwissen

Biber sind geschickte Baumeister: Sinkt der Wasserspiegel des Gewässers, bauen sie Dämme in Flüsse und Bäche, um das Wasser zu stauen. So stellen sie sicher, dass der Eingang ihres Wohnbaus immer unter Wasser liegt.

F wie …

Fächerfisch

Steckbrief

Fächerfisch

Lebensraum: Meer

Verbreitung: weltweit in warmen Meeren

Größe: bis zu 3,50 Meter

Auf der Jagd

Fächerfische bewegen ihre säbelartige Schnauze in einer solchen Geschwindigkeit, dass die Beute nicht mehr fliehen kann.

Fächerfische werden von Sportanglern nur als Trophäe gefischt. Denn sie gelten als nicht besonders schmackhaft.

Schon gewusst?

Selbst wenn mehrere Fächerfische auf einen Fischschwarm stoßen, greifen sie immer nur einzeln an. So besteht keine Gefahr, dass sie sich bei ihren Hochgeschwindigkeitsattacken gegenseitig verletzen könnten.

Rückenflosse

Hier schaut nur die markante Rückenflosse aus dem Wasser. Ihrem fächerartigen Aussehen verdankt der Fisch seinen Namen.

Anmutig schießt der schlanke Fächerfisch durch das Meer. Auf seinem Rücken hat er eine große, segelförmige Rückenflosse, die er ein- und ausklappen kann. Manchmal schwimmt er so dicht unter der Meeresoberfläche, dass sein aufgeklapptes Segel aus dem Wasser ragt. Normalerweise hat er eine bläulich graue Farbe. Gerät er jedoch in Aufregung, wechselt er seine Farbe und funkelt in verschiedenen Tönen. Die Farbveränderung dient außerdem dazu, sich mit seinen Artgenossen bei der Jagd zu verständigen. Beim Beutefang nähert er sich meist unbemerkt einem Schwarm und schlägt dann seine säbelartige Schnauze hin und her, um möglichst viele Tiere auf einmal zu erwischen. Aber auch einzelne Beutetiere erlegt er treffsicher.

Rekord

bis zu **110 km/h** *kann der Fächerfisch erreichen! Damit ist er eines der schnellsten Tiere der Welt. Unter Wasser ist er sogar unangefochtene Spitze!*

F wie …

Faltengecko

Tagsüber schmiegt sich der Faltengecko meist mit dem Kopf nach unten an einen Baumstamm und bleibt dort regungslos hängen. An seinen Füßen befinden sich sowohl kleine Krallen, mit denen er sich beim Klettern auf rauen Oberflächen festhält, als auch Haftlamellen. Diese bestehen aus mikroskopisch feinen Härchen, die sich an kleinste Unebenheiten anpassen. Auf diese Weise macht sich das Tier die Van-der-Waals-Kräfte zu nutze: Wie winzige Magnete ziehen sich die Moleküle der Härchen und des Untergrundes an. Diese Kräfte sind zwar nur sehr schwach, aber weil die Härchen so dicht auf der Oberfläche liegen, addieren sich die Kräfte zu einer starken Kraft, sodass das Tier an der Oberfläche festhaftet.

Flugsteuerung

Mit dem flachen Schwanz kann der Faltengecko seinen Gleitflug steuern.

Gleiten statt laufen

Die ausgespannten Hautsäume dienen zum Segeln. Sie ermöglichen es den Echsen, sich ein Stück weit gleitend fortzubewegen.

Schon gewusst?

Der Faltengecko springt bei Gefahr vom Baum und lässt sich im Gleitflug zum Boden segeln. Dafür hat er spezielle Flughäute an seinen Füßen.

Perfekte Tarnung

Mit seiner olivgrünen bis braunen Haut ist der nachtaktive Faltengecko hervorragend getarnt: Seine Körperkonturen verschmelzen nahezu mit der Baumrinde.

Krallen

Sie ermöglichen das Klettern an Bäumen.

Sogar Glasscheiben kann der Faltengecko mithilfe seiner Füße erklimmen.

Haftlamellen

Mithilfe der Haftlamellen kann sich der Faltengecko an verschiedensten Oberflächen festhalten.

Hautfalten

Schwimmhautähnliche Flughäute zwischen den Zehen dienen dem Gleiten.

Steckbrief

Faltengecko

Lebensraum: tropischer Wald, Regenwald

Verbreitung: Südostasien

Größe: bis zu 20 Zentimeter

F wie …

Fangschreckenkrebs

Das prächtige Farbenspiel auf der Körperoberfläche dient der Kommunikation untereinander.

Steckbrief

Fangschreckenkrebs

Lebensraum: Meeresboden, Korallenriffe

Verbreitung: weltweit in warmen und tropischen Gewässern

Größe: bis zu 35 Zentimeter

Augen

Mit ihren speziellen Augen können Fangschreckenkrebse die Lichtverhältnisse unter Wasser immer optimal ausnutzen.

Weltweit existieren etwa 400 Arten von Fangschreckenkrebsen. Diese sind unterschiedlich groß und gefärbt: von unauffällig braun bis leuchtend bunt. Auffälliges Merkmal bei allen Arten sind die Augen: Sie sitzen auf Stielen, sodass sie sehr beweglich sind und unabhängig voneinander in unterschiedliche Richtungen blicken können. Wie bei anderen Krebstieren auch bestehen die Facettenaugen aus bis zu 10 000 kleinen Einzelaugen, von denen jedes einen Bildpunkt liefert. Das Besondere: Während die meisten Tiere nur zwei bis vier unterschiedliche Farbrezeptoren haben, hat der Fangschreckenkrebs zwölf. Forscher haben herausgefunden, dass er damit Dinge zwar nicht schärfer oder bunter sieht, aber schneller erkennen kann!

Schon gewusst?

Der Schlag des Fangschreckenkrebses ist so stark, dass sich Gasbläschen bilden, die dann implodieren. Dadurch bekommt die Beute des Krebses einen zweiten Schlag, der ihr endgültig den Garaus macht.

Unglaublich!

Bei einigen Arten des Fangschreckenkrebses genügt ein einziger Schlag mit seinem Fangarm, um die Beute zu töten. Mit dem über 10 000-Fachen der Erdbeschleunigung erreicht seine Keule die Geschwindigkeit von 23 Metern pro Sekunde. Das ist der schnellste Schlag im Tierreich!

Eiablage

Das Weibchen verklebt die befruchteten Eier zu einem Paket zusammen, das es bis zum Schlüpfen mit sich herumträgt.

F wie …

Feuersalamander

Feuersalamander leben vor allem in Laub- oder Mischwäldern in der Nähe von Bächen und Flüssen. Im Sommer verstecken sie sich tagsüber in Felsspalten, Höhlen oder im Laub. Erst wenn es in der Nacht kühler und feuchter ist, kommen die scheuen Tiere heraus, um Schnecken, Würmer oder Insekten zu jagen. Den Winter verbringen sie meist ganz in ihren Verstecken. Feuersalamander leben zwar an Land, doch ihr Nachwuchs wird im Wasser groß. Nach der Paarung bleiben die Larven zunächst von einer Eihülle geschützt im Mutterleib. Nach der Geburt haben die Larven noch Kiemen am Hinterkopf, mit denen sie im Wasser atmen können. Langsam entwickeln sie sich zu Feuersalamandern und kommen dann an Land.

Larve
Feuersalamander setzen voll entwickelte, kiementragende Larven ins Wasser ab.

Die Haut der Larven färbt sich während ihres Wachstums nach und nach dunkler.

Warnfarbe
Der Feuersalamander hat eine glänzend schwarze Haut mit einer auffälligen Zeichnung in Gelb oder Orange.

Schon gewusst?

Seinen Namen hat der gelb-schwarze Lurch aufgrund eines Aberglaubens: Früher glaubten die Menschen, dass der Feuersalamander Feuer löschen könne. Deshalb warf man die Tiere im Mittelalter bei einem Brand in die Flammen!

Steckbrief

Feuersalamander

Lebensraum: gemäßigter Wald

Verbreitung: Nordwestafrika, Europa, Westasien

Größe: bis zu 28 Zentimeter

F wie …

Fingertier

Das Fingertier, so sagen manche Bewohner Madagaskars, ist das hässlichste Tier der Welt und bringt zudem noch Unglück. Dabei ist der nachtaktive Lemur ganz harmlos. Bei Sonnenuntergang verlassen die Tiere ihre hoch in den Bäumen liegenden Nester und gehen auf Nahrungssuche. Das Fingertier ist ein Allesfresser; hauptsächlich futtert es Insekten, Früchte, Nüsse, Nektar und Pilze. Seine Lieblingsspeise sind Insektenlarven. Mit seinem langen, dünnen Mittelfinger klopft es die Baumstämme ab und spürt so Hohlräume auf, in denen die Larven stecken. Dann knabbert es mit seinen spitzen Zähnen ein Loch in die Rinde, steckt seinen Finger hinein und angelt sich den Leckerbissen.

Gute Sicht

Das Fingertier hat große Augen, damit es in der Dunkelheit gut sehen kann.

Schon gewusst?

Um ihre langen, dünnen Finger vor Verletzungen zu schützen, rollen die Fingertiere diese meist ein, wenn sie unterwegs sind. Wenn sie auf allen vieren über den Boden laufen, treten sie außerdem immer mit dem Ballen auf; die Finger berühren den Boden nicht.

Steckbrief

Fingertier

Lebensraum: Regenwald

Verbreitung: Madagaskar

Größe: bis zu 45 Zentimeter

Ausgehöhlt

Klopfen, knabbern, angeln: Hier haben Fingertiere ganze Arbeit geleistet. Der Baum ist vollkommen durchlöchert.

Unglaublich!

Wenn das Fingertier auf Beutezug ist, kann es sein Hauptwerkzeug, den Mittelfinger, erwärmen. Dadurch sind die Sensoren in der Haut empfindlicher und der Finger beweglicher. Nach der Jagd kühlt der Finger wieder ab, um Energie zu sparen.

F wie … Flamingo

Flamingos sind sehr gesellige Tiere, die in Gruppen brüten. In Afrika gibt es sogar Kolonien von bis zu 1 000 000 Tieren!

Lange, dünne Beine, ein langer, dünner Hals und rosa Federn – das sind die Merkmale eines Flamingos. Die großen Vögel haben außerdem einen auffälligen, nach unten geknickten Seihschnabel, der dank feiner Hornplatten wie ein Sieb funktioniert. Den schwenken sie durchs Wasser, um Algen, Würmer und kleine Krebse herauszufiltern. Ihren Nachwuchs brüten die geselligen Tiere in Kolonien aus. Für ihre Eier errichten sie ein kegelförmiges Nest aus Schlamm. Die frisch geschlüpften Jungen haben zunächst ein graues Gefieder und einen geraden Schnabel. In den ersten zehn Wochen füttern die Eltern sie mit einer speziellen Milch aus ihrem Kropf. Danach ist ihr Schnabel so weit ausgebildet, dass sie selbst auf Futterfang gehen können.

Bin ich nicht ein besonders prächtiges Exemplar?

Nachwuchs

Ein Flamingoweibchen legt meist nur ein Ei, aus dem nach etwa vier Wochen das Junge schlüpft.

Um nicht zu frieren, stehen Flamingos oft nur mit einem Bein im Wasser. Wenn dieses zu kalt geworden ist, wechseln sie auf das andere Bein.

Funny Fact

Du bist, was du isst!

Die Flamingos sind nicht von Geburt an rosa, sondern müssen es erst werden. In Krebsen und Algen, dem Lieblingsfressen der Vögel, kommt der Stoff Canthaxanthin vor. Der sorgt dafür, dass die Federn der Flamingos die richtige Farbe bekommen.

Steckbrief

Flamingo

Lebensraum: Salzseen, Meeresbuchten, Flussmündungen

Verbreitung: Afrika, Mittelmeerraum, Süd- und Mittelamerika, Südasien

Größe: bis zu 1,50 Meter

Fütterungszeit

Flamingoeltern füttern ihre Jungen mit einer ganz speziellen Nahrung: der Kropfmilch, die aus sehr viel Fett besteht.

F wie …

Flunder

Die Flunder gehört zu den Plattfischen. Mit seinem flachen Körper ist der Fisch perfekt an das Leben auf dem Grund angepasst: Auf der Seite schwimmend gleitet er flach über den Boden. Tagsüber gräbt er sich gerne im Sand ein, sodass nur noch seine Augen herausgucken. Nachts macht er sich auf die Suche nach Asseln, Flohkrebsen, Würmern, Insektenlarven oder kleinen Fischen. Für die Eiablage wandert das Weibchen oft weiter ins Meer hinein. Bis zu zwei Millionen Eier kann es legen! Daraus schlüpfen Larven, die zunächst wie normale Fische aufrecht im Wasser schwimmen. Im Laufe ihrer Entwicklung zu einem echten Plattfisch rutscht dann ein Auge auf die spätere Oberseite.

Schon gewusst?

Die Flunder ist Rechtsäuger! Bei etwa 70 Prozent der Tiere rutscht das Auge auf die rechte Seite, bei allen anderen auf die linke.

Gut getarnt!

Finde den Fisch! Die gute Tarnung macht es auch Fressfeinden schwer, die Flunder zu entdecken.

Steckbrief

Flunder

Lebensraum: Schlickböden in Meer und Fluss

Verbreitung: Weißes Meer über Ost- und Nordsee zu den Britischen Inseln bis hin zur Atlantikküste Marokkos

Größe: bis zu 50 Zentimeter

Überblick

Mit einem 180-Grad-Rundumblick beobachtet die Flunder ihre Umgebung.

Raue Haut

Die Flunder hat eine raue Körperoberseite, die an manchen Stellen mit dornigen Hautwarzen besetzt ist.

Unglaublich!

Flundern sind zwar eigentlich Meeresbewohner, aber sie vertragen auch Süßwasser. Vor allem in jungen Jahren suchen sie oft Flüsse mit guter Wasserqualität auf oder leben in Flussmündungen im Brackwasser, das weniger salzig ist als das normale Meerwasser.

F wie … Flusspferd

Flusspferde sind echte Schwergewichte: Über drei Tonnen kann ein ausgewachsenes Exemplar auf die Waage bringen! Tagsüber halten sie sich am liebsten dösend im Wasser auf, um sich vor der Sonne zu schützen. Häufig ragen dann nur ihre Augen, Ohren und die Nase heraus. Tauchen sie richtig unter, können sie ihre Ohren und Nasenlöcher verschließen.
Flusspferde sind schlechte Schwimmer, ihre typische Fortbewegungsart lässt sich eher mit »Schwimmlaufen« bezeichnen. Dabei laufen sie über den Gewässergrund und lassen sich vom Wasser tragen. Nachts klettern sie an Land und wandern oft kilometerweit zur nächsten Weidefläche, um ihren Hunger zu stillen: Bis zu 40 Kilogramm Gras verspeist ein einziges Tier pro Tag!

Schwimmzeit

Die oberste Hautschicht der Flusspferde ist sehr dünn und empfindlich. Sie enthält Drüsen, die einen Schleim absondern, der die Haut schützt. Es ist aber trotzdem wichtig, dass die Haut regelmäßig von Wasser oder Schlamm bedeckt wird, damit sie nicht austrocknet.

Elternzeit

Nachdem die Flusspferdkälber nicht mehr gesäugt werden, bleiben sie noch etwa fünf Jahre bei der Mutter.

Steckbrief

Flusspferd

Lebensraum: Feuchtgebiete, stehende Gewässer und Fließgewässer

Verbreitung: Afrika

Größe: bis zu fünf Meter

Großmaul

Die Zähne eines Flusspferdes können bis zu 60 Zentimeter lang werden.

Funny Fact

Kein Pferd

Trotz ihres Namens sind die nächsten Verwandten der mächtigen Säugetiere nicht die Pferde, sondern der Wal.

Unglaublich!

Das Flusspferd ist trotz seines gemütlichen Aussehens sehr gefährlich. Es ist das Säugetier, das pro Jahr die meisten Menschen in Afrika tötet.

Die Haut dieser Tiere ist so spärlich mit kurzen, feinen Haaren bedeckt, dass sie nackt erscheinen.

F wie …

Fregattvogel

Ein Fregattvogelmännchen mit beeindruckend aufgeblähtem Kehlsack.

Steckbrief

Fregattvogel

Lebensraum: über dem Meer, Küstennähe

Verbreitung: Tropenregionen im Pazifik, Indischer Ozean und Atlantik

Größe: bis zu einem Meter

Geschafft!

Dieses Männchen hat sein Weibchen schon erobert und muss seinen Kehlsack nicht mehr aufblasen.

Der Fregattvogel ist ein meisterhafter Flieger. Wegen seiner kurzen Beine kann er jedoch nicht schwimmen und kaum laufen. Seine Nahrung, vor allem Fliegende Fische, aber auch andere Meerestiere und Vogeleier, erbeutet er deshalb aus dem Flug. Zur Paarungszeit legt das Männchen seinen Kopf in den Nacken und bläht den auffälligen Kehlsack auf: Das leuchtende Rot ist dann schon von Weitem zu sehen. Kommt es zur Paarung, kümmern sich die Eltern gemeinsam um den Nachwuchs – und zwar ziemlich lange: Rund ein Jahr lang sorgen sie für ihr Junges! Fregattvögel brüten in riesigen Kolonien von mehreren Tausend Vögeln.

Jagd in der Luft

Der Fregattvogel bedrängt andere Vögel so lange, bis sie ihre Beute fallen lassen und er sie sich greifen kann.

Aufgeblasen

Wer ist der Schönste im ganzen Land? Während der Balz bläht das Männchen seinen Kehlsack auf. So lockt es Weibchen an.

Unglaublich!

Der wendige Flieger raubt mitunter anderen Vögeln die Beute – wie ein Pirat! Daher stammt auch sein Name: Eine Fregatte ist ein Schiffstyp, mit dem Seeräuber häufig Handelsschiffe überfielen.

G wie ...

Gabunviper

Die Gabunviper gilt als schwerste Giftschlange der Welt – trotz ihres Gewichts und ihrer Größe ist sie auf schattigem Waldboden fast unsichtbar. Ihr Trick: Die ultraschwarzen Flecken ihres weiß-braun-schwarzen Schuppenkleids verschlucken das Licht fast vollständig, wodurch sich die Konturen der Schlange auflösen. So getarnt liegt sie oft viele Stunden lang regungslos im Laub und wartet auf Beute. Kommt ihr ein Tier zu nahe, beißt sie blitzschnell zu und hält es fest, bis das tödliche Gift wirkt. Stärkere Beutetiere lässt sie laufen und macht sich, wenige Minuten nachdem sie zugebissen hat, auf die Suche nach ihrem Opfer. Meist frisst sie Nagetiere, aber auch Frösche, Affen und Stachelschweine verschlingt sie.

Man unterscheidet zwischen West- und Ostafrikanischer Gabunviper. Nur die Westafrikanische Gabunviper besitzt zwei kleine Hörner auf der Nase.

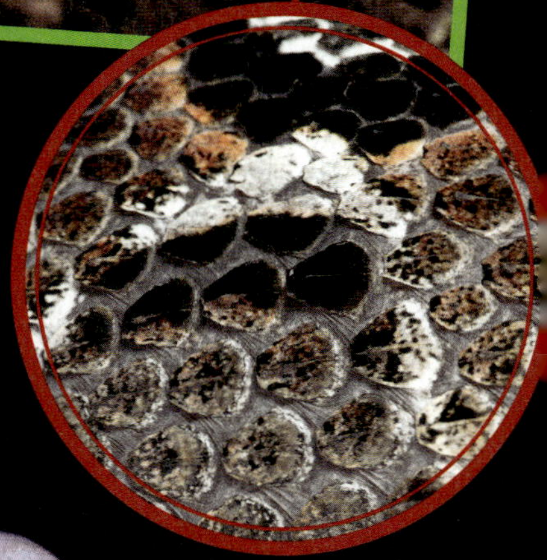

Die schwarzen Stellen im Schuppenkleid der Gabunviper sind nicht glänzend, sondern matt.

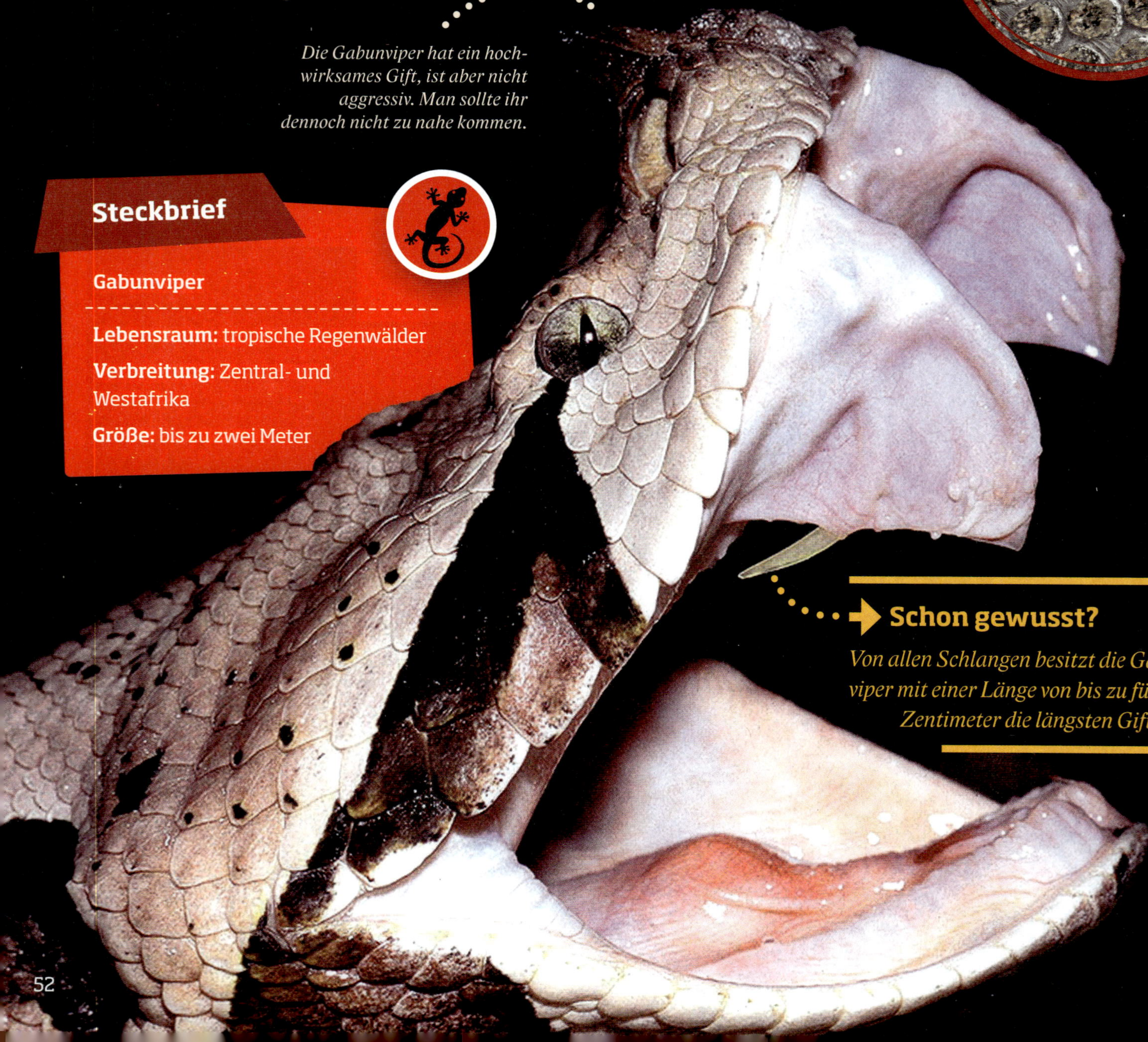

Die Gabunviper hat ein hochwirksames Gift, ist aber nicht aggressiv. Man sollte ihr dennoch nicht zu nahe kommen.

Steckbrief

Gabunviper

Lebensraum: tropische Regenwälder

Verbreitung: Zentral- und Westafrika

Größe: bis zu zwei Meter

Schon gewusst?

Von allen Schlangen besitzt die Gabunviper mit einer Länge von bis zu fünf Zentimeter die längsten Giftzähne.

G wie …

Gepard

Zusammenhalt

Männchen bilden manchmal Lebensgemeinschaften. Sie bestehen oft aus Brüdern, die jahrelang zusammenbleiben.

Steckbrief

Gepard

Lebensraum: Wüste und Halbwüste, Grasland oder Savannen

Verbreitung: Westasien, Afrika

Größe: bis zu 1,50 Meter

Geduldige Jäger

Wann kommt die nächste Beute vorbei? Die meiste Zeit des Tages verbringen Geparden damit, nach Beute Ausschau zu halten. Das gelingt am besten von einer kleinen Anhöhe oder einem Hügel aus. Wenn sie ein Tier erspäht haben, schleichen sie sich auf leisen Pfoten an.

Leise pirscht sich der Gepard an seine Beute heran. Plötzlich spurtet er los und verfolgt sein Opfer in atemberaubender Geschwindigkeit. Hat er das Tier erreicht, fegt er es von den Beinen und drückt ihm mit seinen Zähnen den Hals zu. Am liebsten jagt die langbeinige Raubkatze Antilopen. An größere Tiere traut sie sich meist nicht heran, da sie relativ schwach ist. Um nachtaktiven Löwen und anderen stärkeren Tieren aus dem Weg zu gehen, sind Geparden tagsüber aktiv. Ihre Schnelligkeit verdanken sie ihrem schlanken Körperbau. Anders als andere Katzen können sie zudem ihre Krallen nicht einziehen. Beim Laufen dienen sie dann als Spikes, mit denen sie gut Halt haben und sich kraftvoll abdrücken können.

Rekord

110 km/h

schnell jagen Geparden durch die Savanne. Sie gelten als die schnellsten Landtiere der Welt.

Silberhaar

Die hellgraue Nackenmähne der Jungen dient der Tarnung. So sind sie im Savannengras schlecht für Fressfeinde zu entdecken.

Nach einem Sprint ist der Gepard ziemlich außer Atem und muss erst eine Zeit lang verschnaufen, bevor er mit dem Fressen beginnen kann.

G wie …

Gila-Krustenechse

Wenn die Gila-Krustenechse warnend faucht, ist Vorsicht geboten. Denn ein Biss von ihr kann tödlich enden! Der Wüstenbewohner gehört zu den wenigen giftigen Echsenarten. Fühlt sich die Echse angegriffen, verbeißt sie sich in ihr Opfer und lässt so schnell nicht mehr los. Mithilfe von Kaubewegungen massiert sie dann das Gift in die Wunde ein. Sie beißt allerdings nur zu, wenn sie gereizt wird und sich verteidigen muss. Ihre dünne Haut bietet keinen ausreichenden Schutz vor der Sonne, weshalb sie meist erst in der Dämmerung aus ihrer Erdhöhle herauskommt. Züngelnd geht die Echse dann auf Futtersuche. Am liebsten frisst sie Vogel- und Reptilieneier, aber auch Nagetiere sowie kleine Vögel und Reptilien.

Eiablage

Das Weibchen kann bis zu 15 Eier legen. Im Vergleich zur Körpergröße der Echse sind die Eier ziemlich groß.

Schon gewusst?

Die Gila-Krustenechse kann in ihrem Schwanz Fett speichern. Ist die Nahrung knapp, kann die Echse von dem Fettdepot in ihrem Schwanz leben, der dann immer dünner wird.

Steckbrief

Gila-Krustenechse

Lebensraum: Wüstenregionen, Grasland

Verbreitung: südwestliche USA, Nordmexiko

Größe: bis 60 Zentimeter

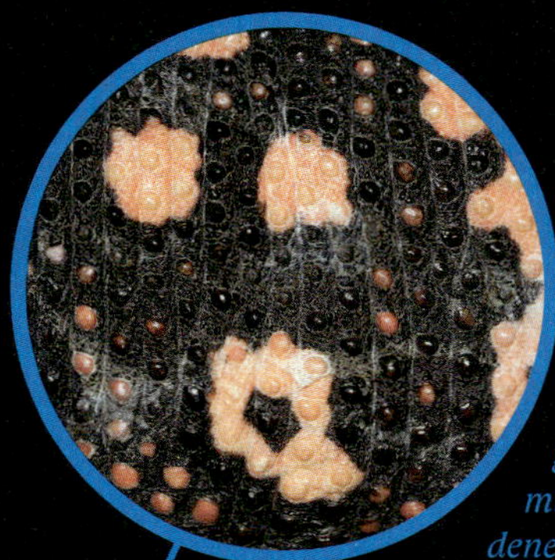

Besondere Haut

Die Haut der Echse ist fleckig gemustert. Auf dem Rücken ist sie mit Höckerschuppen übersät, unter denen Knochenplättchen liegen.

Kraftvoll

Die kräftigen Beine dienen der Echse auch zum Graben und an den Füßen sitzen je fünf scharfe Krallen.

Gespaltene Zunge

Die Geruchsspuren, die die Echse mit ihrer Zunge eingefangen hat, gibt sie im Maul an ein besonderes Organ weiter: das Jacobsonsche Organ. Mithilfe dieses Organs kann sie riechen.

G wie …

Giraffe

Die kleinen Hörner auf dem Kopf der Giraffe können bei den Männchen bis zu 25 Zentimeter lang werden.

Giraffen verbringen die meiste Zeit mit Fressen. Denn um satt zu werden, benötigen sie etwa 60 Kilogramm Akazienblätter am Tag! Dank ihres langen Halses kommen sie an die obersten Blätter der Bäume. Ihre blaue Zunge ist bis zu 45 Zentimeter lang; mit ihr rupfen sie das Grün von den Ästen. Trinken ist für die Giraffe mühseliger: Sie muss ihre Beine weit spreizen und teilweise einknicken, um mit dem Kopf ans Wasser zu kommen. Vor allem junge Giraffen sind in dieser Haltung leichte Beute für Raubtiere, da sie dann nicht so schnell fliehen können. Ein Junges kann bereits wenige Stunden nach der Geburt laufen. Wird es dennoch von einem Löwen angegriffen, verteidigt die Mutter es mit kräftigen Hufschlägen.

Schon gewusst?

Giraffen haben von allen Säugetieren den längsten Hals. Trotzdem besteht er, wie bei fast allen Säugetieren, aus sieben Halswirbeln. Giraffen sind Wiederkäuer. Damit ihre Blätter ein zweites Mal gekaut werden, muss die Speiseröhre diese den ganzen Hals wieder hoch befördern – eine starke Muskelleistung!

Steckbrief

Giraffe

Lebensraum: offenes Waldland, trockene Savannen

Verbreitung: Afrika

Größe: bis zu 4,70 Meter

Angeberwissen

- Das Fell der Giraffen weist eine ganz unterschiedliche Musterung auf, je nach Unterart entweder gefleckte oder netzartige Fellzeichnungen. So sind sie gut zwischen den Bäumen der Savanne getarnt.
- Die Fellzeichnung ist bei jedem Tier einzigartig, ähnlich wie der Fingerabdruck beim Menschen.

Unglaublich!

Man traut es ihnen vielleicht nicht unbedingt zu, aber Giraffen können ziemlich schnell rennen: Droht Gefahr, kann eine Giraffe bis zu 60 Stundenkilometer schnell laufen.

G wie …

Glasfrosch

Durchsichtig! Durch die durchscheinende Haut des Glasfroschs kann man die Organe gut erkennen.

Klebt gut!
Die Haftschalen des Frosches befinden sich an den Zehen und sorgen für guten Halt.

Steckbrief

Glasfrosch

Lebensraum: tropischer Wald, Regenwald

Verbreitung: Südnicaragua bis Nordwestkolumbien

Größe: bis zu 3,50 Zentimeter

Bei den Glasfröschen kümmern sich die Männchen um den Nachwuchs. Nachdem das Weibchen den Laich abgelegt hat, nimmt das Männchen die Farbe der Eier an und ahmt so ihr Aussehen nach. Auf diese Weise kann es ungesehen neben dem Laich hocken und diesen gegen Heuschrecken, Maden und andere Fressfeinde verteidigen. Außerdem feuchtet es die Eier regelmäßig an. So bewahrt es sie vor dem Austrocknen. Nach dem Schlüpfen endet allerdings die väterliche Fürsorge und der Nachwuchs ist auf sich gestellt. Ihren Namen haben die kleinen Hüpfer übrigens wegen ihrer transparenten Bauchhaut erhalten. Man kann deutlich das Herz und andere Organe sehen!

Brutpflege
Es gibt Glasfroscharten, die die Eier rund um die Uhr bewachen. Andere Arten beschützen den Laich nur nachts.

Schutz
Ein dicker, gallertartiger Schleim schützt die Eier vor dem Austrocknen.

Schon gewusst?

Glasfrösche legen ihre Eier auf Blättern ab, die über Bächen hängen. Sobald die Kaulquappen geschlüpft sind, lassen sie sich ins Wasser plumpsen.

Gleithörnchen

Schon gewusst?

Gleithörnchen können bis zu 80 Meter weit durch die Luft gleiten. Aber auch wenn sie manchmal als Flughörnchen bezeichnet werden: Fliegen können sie nicht. Die einzigen fliegenden Säugetiere sind Fledermäuse und Flughunde.

Zum Schlafen ziehen sich die nachtaktiven Hörnchen in ihre Baumnester zurück. Gerne wohnen sie in alten Spechthöhlen.

Gleithörnchen sind echte Luftakrobaten! Um von einem Baum zum anderen zu gelangen, klettern sie auf eine hohe Absprungstelle. Dann drücken sie sich mit einem kräftigen Stoß ab und spannen ihre behaarten Gleithäute auf, indem sie Arme und Beine weit von sich strecken – schon gleiten sie durch die Luft. Mit ihrem langen, buschigen Schwanz können sie Kurven fliegen und auf diese Weise Hindernissen ausweichen oder ihr Ziel verändern. Um ihren Gleitflug abzubremsen, stellen sie sich mit gespreizter Gleithaut senkrecht in der Luft auf, um dann sicher auf allen vieren zu landen. Nach der Landung legen sie die Gleithaut an ihren Körper an und klettern mithilfe ihrer Krallen in die Baumkrone.

Schon gewusst?

Gleithörnchen halten keinen Winterschlaf. Für die kalte Jahreszeit legen sie Vorräte an. Und sie ernähren sich dann außerdem von Nadeln und Baumrinde.

Steckbrief

Gleithörnchen

Lebensraum: Wald

Verbreitung: Asien, Nordamerika, Nordeuropa

Größe: bis zu 20 Zentimeter

Mahlzeit

Gleithörnchen futtern am liebsten Nüsse und Früchte, aber auch Insekten und Vogeleier.

G wie …

Glockenreiher

Mit seinem schwarzen Gefieder, dem schwarzen Schnabel sowie den dunklen Augen und Beinen ist der Glockenreiher eine eher düstere Erscheinung. Nur seine leuchtend orangefarbenen Füße bringen Farbe in sein Outfit. Der mittelgroße Reiher kommt häufig in der Nähe von Reisfeldern, Sümpfen, Flussufern und Flussmündungen oder Mangroven vor. Hier macht er sich auf die Jagd nach Fischen, Krebstieren und Fröschen. Dazu stakst er durch das seichte Wasser, bleibt an geeigneter Stelle stehen und bildet für wenige Sekunden eine Glocke mit den Flügeln. Entdeckt er einen Fisch, schnappt er blitzschnell zu. Anschließend geht er ein paar Schritte weiter und versucht erneut sein Glück.

Dunkle Farbe

Auffallend am Glockenreiher ist sein sehr dunkles Gefieder.

Jagdverhalten

Fast immer formt der Glockenreiher die Glocke aus dem Gehen oder Laufen heraus.

Steckbrief

Glockenreiher

Lebensraum: Feuchtgebiete, Sümpfe, tropischer Wald, Regenwald

Verbreitung: Afrika

Größe: bis zu 65 Zentimeter

Beschattung

Der Glockenreiher schirmt ein Stück Wasser gegen das Sonnenlicht ab. So kann er seine Beute besser erkennen.

Schon gewusst?

Für den Glockenreiher ist das Formen der Flügelglocke eine anstrengende Angelegenheit. Er hält diese Position nur circa vier Sekunden durch; dann muss er eine kurze Pause machen.

Kopf senken und genau hinsehen! Dann klappt es vielleicht mit dem Mittagessen …

G wie …

Gorilla

Mit dem typischen Brusttrommeln will der Gorilla sowohl imponieren als auch abschrecken.

Gut gebrüllt!

Oder doch nur ein Gähnen? Gorillas haben eine ausgeprägte Mimik.

Trotz ihres Ehrfurcht gebietenden Aussehens sind Gorillas friedliche Waldbewohner. Tagsüber streifen die Menschenaffen gemächlich durch den Regenwald und fressen Blätter, Früchte und andere Pflanzenteile. Weil sie immer wieder kleine Pausen einlegen, wandern sie in der Regel nicht mehr als einen Kilometer pro Tag. Die meiste Zeit verbringen die mächtigen Tiere auf dem Boden, sie sind jedoch auch gute Kletterer! Wird es dunkel, richten sie sich in den Bäumen ein bequemes Schlafnest ein, in dem sie meist nur eine Nacht verbringen. Wegen ihrer Größe und Stärke haben Gorillas bis auf den Menschen keine natürlichen Feinde. Dennoch sind sie vom Aussterben bedroht – vor allem weil ihr Lebensraum immer weiter zerstört wird.

Ein Silberrücken kann eine Gruppe von bis zu 50 Tieren anführen. Bei Gefahr strömt er einen bestimmten Duft aus und warnt so lautlos seine Artgenossen.

Schon gewusst?

Gorillas leben in kleinen Gruppen, die von einem alten Männchen geleitet werden. Dieses Tier wird Silberrücken genannt, weil sein Fell am Rücken durch sein Alter schon grau bis silbern ist.

Der Gorilla gehört zu den Menschenaffen, die keinen Schwanz haben.

Steckbrief

Gorilla

Lebensraum: tropischer Wald, Regenwald, Berge

Verbreitung: Zentral- und Ostafrika

Größe: bis zu zwei Meter

Mutterliebe

Gorillaweibchen kümmern sich lange um ihren Nachwuchs: Erst nach drei bis vier Jahren werden die Jungen selbstständig.

G wie …

Gottesanbeterin

Es gibt viele verschiedene Arten, die sich in Größe, Körperform und Farbe unterscheiden.

Gottesanbeterinnen werden auch Fangschrecken genannt. Stundenlang können sie regungslos auf einer Pflanze sitzen oder kopfüber an einem Ast hängen und auf Beute lauern. Ihre Fangbeine sind dann wie ein Taschenmesser zusammengeklappt. Nähert sich ein Insekt, falten sie diese blitzschnell auf und fangen damit ihre Beute. Einige Exemplare fangen sogar Fliegen aus der Luft! Ihren Kopf mit den auffälligen Facettenaugen kann die Gottesanbeterin in alle Richtungen drehen – so hat sie einen guten Rundumblick. Fühlt sie sich bedroht, hebt sie die dornenbewehrten Fangbeine hoch, stellt die Flügel auf und zischt furchterregend. So erschreckt sie auch größere Tiere!

Alien

Mit ihrem dreieckigen Kopf und den großen Augen sieht die Gottesanbeterin aus wie ein außerirdisches Wesen.

Fangbeine

Eine Gottesanbeterin hat insgesamt sechs Beine, von denen die vorderen als Fangbeine genutzt werden.

Flugfaul

Gottesanbeterinnen haben zwar Flügel, aber sie fliegen nicht gerne: Die Männchen heben noch manchmal ab, die Weibchen nutzen sie gar nicht mehr.

1 **Oothek**

So nennt man das Eierpaket, in dem sich die Eier der Gottesanbeterin befinden.

2 **Larven**

Wenn die Larven geschlüpft sind, beginnen sie sogleich, auf die Jagd zu gehen. Bis sie erwachsen sind, häuten sie sich mehrmals.

Steckbrief

Gottesanbeterin

Lebensraum: gemäßigter Wald, tropischer Wald und Regenwald, Grasland, Felder, Gebüsch

Verbreitung: weltweit in wärmeren Regionen

Größe: bis zu 15 Zentimeter

G wie ...

Großer Blaugeringelter Oktopus

Der Große Blaugeringelte Oktopus gehört zu den giftigsten Tieren der Welt. Doch bevor er mit seinem kräftigen Hornschnabel zubeißt, warnt er seine Feinde durch einen schillernden Farbwechsel: In weniger als einer Sekunde erscheinen leuchtend blaue Ringe auf seiner Haut. Normalerweise werden die Farbringe von einer Hautfalte verdeckt und der Krake ist braun gefärbt. Fühlt er sich jedoch bedroht, wird das Farbmuster durch spezielle Muskelbewegungen sichtbar. Die scheuen Tiere leben häufig in Korallenriffen, wo sie Krebse jagen. Wie bei allen Kraken legen die Weibchen nur einmal in ihrem Leben Eier und sterben, sobald die Jungen geschlüpft sind. Die Männchen sterben nach der Paarung.

Nicht anfassen! Sieht hübsch aus, ist aber extrem giftig!

Schnelle Warnung

Innerhalb einer Drittelsekunde kann der Krake seine Warnfärbung aufleuchten lassen.

Angeberwissen

- Das Gift wird nicht vom Oktopus selbst, sondern von Bakterien produziert, die in den Speicheldrüsen des Tieres leben.
- Schon die Eier des Blaugeringelten Oktopus sind giftig.
- Ein ähnliches Gift wie das des Blaugeringelten Oktopus verwendet auch der Kugelfisch.

Steckbrief

Großer Blaugeringelter Oktopus

Lebensraum: Meer

Verbreitung: Australien, Südostasien

Größe: Bis zu zwölf Zentimeter

Saugnäpfe

Die Saugnäpfe sind in zwei Reihen angeordnet. Sie sind relativ breit und innen glatt.

G wie … Großer Fetzenfisch

Der Große Fetzenfisch sieht aus wie zerrupftes Seegras. So sind die Tiere in Seegraswiesen und Tangwäldern hervorragend getarnt! Auch farblich haben sie sich ihrer Umgebung angepasst: Je nachdem ob sie im seichten oder tiefen Wasser leben, sind sie gelb bis grün oder rot bis braun gefärbt. Wie bei allen Seenadeln, zu denen auch die Seepferdchen gehören, stehen bei ihnen kleine Krebstiere, Fischlarven und Plankton auf dem Speiseplan. Das Futter saugen sie mit ihrem trompetenähnlichen Maul einfach auf. Während der Paarung hat das Männchen einen leuchtend gelben Schwanz, auf den das Weibchen seine Eier ablegt. Nach rund acht Wochen schlüpft daraus der Nachwuchs, der schon wenige Stunden später alleine schwimmen kann.

Tarnung

Nicht zu übersehen sind die fetzenartigen Körperanhänge, die der Tarnung dienen. Diese können je nach Umgebung verschieden gefärbt sein.

Steckbrief

Großer Fetzenfisch

Lebensraum: Meer

Verbreitung: Küste vor Süd- und Westaustralien

Größe: bis zu 35 Zentimeter

Unglaublich!

250 bis 300 Eier brütet das Männchen unter seiner Schwanzflosse gleichzeitig aus.

G wie …

Großer Panda

Der Große Panda gehört zur Familie der Bären und ist damit ein Raubtier, auch wenn er fast ausschließlich Pflanzen – am liebsten Bambus in großen Mengen – verputzt. Als einziger Großbär hat er eine Art Daumen, mit dem er seine Lieblingsspeise greifen kann. Außerdem hält er, anders als seine Verwandten, keinen Winterschlaf, da Bambus das ganze Jahr über zu finden ist. Wird es zu kalt, wandert er in tiefer gelegene Regionen. Ein erwachsener Großer Panda ist etwa so groß wie ein Mensch und wiegt bis zu 160 Kilogramm. Die neugeborenen Jungen sind dagegen nicht größer als ein Hamster und wiegen nur rund 100 Gramm!

Gute Kletterer

Große Pandas leben vor allem auf dem Boden, können aber auch gut klettern und schwimmen.

Ein Panda bei seiner Hauptbeschäftigung: dem Fressen.

Unglaublich!

Weil der Große Panda den nährstoffarmen Bambus nicht gut verwerten kann, muss er rund zwölf Kilogramm und teilweise mehr davon futtern – und ist deshalb über 15 Stunden am Tag mit der Nahrungsaufnahme beschäftigt!

Nachwuchs

Pandababys sind sehr klein. Bei der Geburt haben sie noch nicht viel Ähnlichkeit mit einem ausgewachsenen Großen Panda: Anfangs sind sie fast haarlos und noch sehr rosa. Erst später erkennt man ihre typische Fellfärbung.

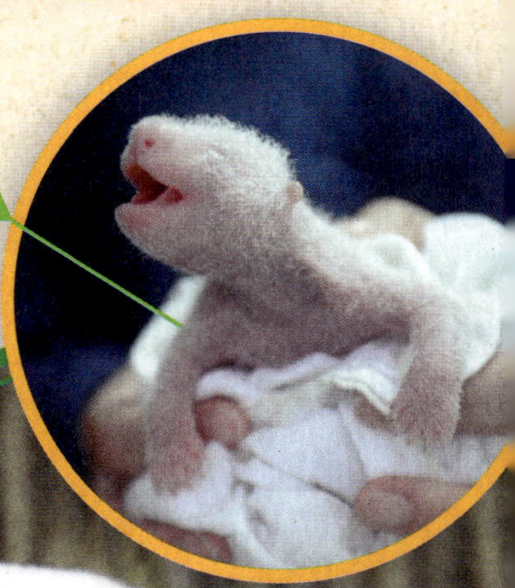

Steckbrief

Großer Panda

Lebensraum: Bambuswälder im Hochgebirge

Verbreitung: China

Größe: bis zu 1,90 Meter

G wie …

Großer Tümmler

Der Große Tümmler ist wohl die bekannteste Delfinart. Er gehört wie alle Delfine und Wale zu den Säugetieren und muss regelmäßig zum Atmen an die Wasseroberfläche. Sein Junges wird allerdings unter Wasser geboren. Damit es bei der Geburt nicht ertrinkt, kommt es mit der Schwanzflosse voran auf die Welt. Anschließend wird es sofort von seiner Mutter an die Wasseroberfläche gestupst, damit es Luft holen kann. Große Tümmler leben in Gemeinschaften von bis zu mehreren Hundert Tieren, die man Schulen nennt. Mithilfe von Pfeiftönen verständigen sie sich untereinander. Häufig jagen sie gemeinsam Fischschwärme. Und auch wenn ein Tier krank oder verletzt ist, helfen sich die Tiere gegenseitig.

Unglaublich!

Die Großen Tümmler gehören zu den intelligentesten Tieren der Erde. Forscher haben nun herausgefunden, dass die Tiere sich sogar gegenseitig mit ihrem Namen ansprechen können. Der Name eines Großen Tümmlers besteht aus einem individuellen Pfeifton. Ein Tier kann seinen eigenen Namen kommunizieren und erkennen, wenn ein anderer Tümmler diesen verwendet.

Delfinschule

Abtauchen!

Gemeinsam tauchen diese Großen Tümmler durch eine Welle. Vielleicht haben sie einfach nur Spaß oder sie sind auf der Jagd.

Funny Fact

Wellenreiter

Große Tümmler surfen gerne auf der Bugwelle von großen Schiffen. Ein beeindruckendes Schauspiel, das man nicht so schnell vergisst!!

Steckbrief

Großer Tümmler

Lebensraum: Meer, Küstenregionen und küstennahe Gewässer

Verbreitung: fast alle gemäßigten und tropischen Meere

Größe: bis zu vier Meter

Der Große Tümmler ist ein Säugetier und kein Fisch.

Alle Delfine sind Zahnwale; da die Zähne nicht erneuert werden können, müssen sie mit einem Satz Zähne ein ganzes Leben lang auskommen.

H wie ...

Hammerhai

Am Bauch dieses Hammerhais haben sich zwei Schiffshalterfische festgesaugt.

Unglaublich!

Der Hammerkopf der Fische unterstützt auch noch andere Sinne. So kann der Hai einen einzigen Tropfen Blut in einem Olympiaschwimmbecken riechen oder Rochen auf dem Meeresboden mithilfe von elektromagnetischen Feldern aufspüren.

Seinen Namen verdankt der Hammerhai seiner ungewöhnlichen Kopfform: Die ist bei allen Arten extrem verbreitert, allerdings unterschiedlich in der Ausprägung. Die Augen des Tieres liegen an den Außenseiten des Kopfes; deshalb hat es einen hervorragenden 360-Grad-Rundumblick. Auf ihren Wanderungen durch die Meere legen die Einzelgänger häufig weite Strecken zurück. Während viele Haiarten Eier legen, bringt der Hammerhai seine Jungen lebend zur Welt. Manche Arten, wie der Große Hammerhai, gebären über 30 Junge. Diese müssen nach der Geburt alleine zurechtkommen und sich vor Fressfeinden wie anderen Haien in Acht nehmen. Einige Hammerhaiarten sind mittlerweile selten geworden, da sie wegen ihrer Rückenflosse stark bejagt werden.

Steckbrief

Hammerhai

Lebensraum: Meere der Tropen, Subtropen und der gemäßigten Zone

Verbreitung: weltweit

Größe: bis zu sechs Meter

Hinter dem Kopf dieses Hammerhais kann man die Kiemenschlitze erkennen. Mit ihnen atmet der Hai, indem er Sauerstoff aus dem Wasser aufnimmt.

Schon gewusst?

Hammerhaiweibchen können sich auch ohne ein Männchen fortpflanzen! Bei dieser Art der asexuellen Vermehrung wird ein genetischer Klon der Mutter geboren.

Nachwuchs

Zwei Hammerhaie paaren sich in der Nähe der Wasseroberfläche. Die Jungen entwickeln sich anschließend im Bauch der Mutter. Man nennt sie Welpen.

Hammerhaie sind zwar eigentlich Einzelgänger, doch hin und wieder sammeln sie sich zu Schulen, in denen bis zu 1 000 Exemplare zusammenkommen.

H wie …

Haselnussbohrer

Wie alle Rüsselkäfer hat auch der Haselnussbohrer ein rüsselförmiges Mundwerkzeug am Ende seines Kopfes. Mit diesem nagt das Käferweibchen ein Loch in eine unreife Haselnuss, um ein Ei hineinzulegen. Aus dem Ei schlüpft dann eine Larve, die das Innere der Nuss frisst. Die befallene Nuss fällt dann meist vorzeitig auf den Boden. Nach etwa vier Wochen knabbert die Larve ein Loch in die Schale und kriecht heraus. Anschließend gräbt sie sich in die Erde ein, wo sie den Winter verbringt. Die meisten Larven verpuppen sich im Frühling, wenige Wochen später schlüpfen die Käfer. Diese besiedeln dann wiederum Haselnusssträucher, um dort für neuen Nachwuchs zu sorgen.

Schon gewusst?

Mehr Familie geht nicht! Der Haselnussbohrer gehört zu den Rüsselkäfern, von denen es weltweit vermutlich über 60 000 Arten gibt. Man schätzt, dass sie die artenreichste Familie aller Lebewesen sind.

Hallo, Larve

Auf ins nächste Quartier: raus aus der Nuss, hinein in die Erde. Oft sieht man im Herbst Haselnüsse mit dem etwa zwei Millimeter großen Loch auf dem Boden liegen.

Steckbrief

Haselnussbohrer

Lebensraum: Wälder und Gärten, vor allem auf Haselnusssträuchern

Verbreitung: Mitteleuropa über Vorderasien bis nach Nordafrika

Größe: bis zu neun Millimeter

Mhhh, lecker!

Die Larve frisst sich fleißig dick und rund. Nachdem sie sich verpuppt hat, schlüpft sie als Käfer – und macht sich wieder auf die Suche nach einem Haselnussstrauch.

Nascht nicht nur von Haselnusssträuchern: Auch vor anderen Blättern und sogar Früchten macht der Haselnussbohrer nicht halt.

Unglaublich!

Dass der Haselnussbohrer zu den Rüsselkäfern gehört, ist kaum zu übersehen. Denn er hat einen besonders großen Rüssel; immerhin muss er damit ja auch Haselnüsse durchlöchern. Bei den Weibchen ist der Rüssel sogar größer als der Körper!

H wie …

Hoatzin

Der Hoatzin ist ein eigenartiger Vogel: Er ernährt sich fast ausschließlich von Blättern und ist ein schlechter Flieger. Meist klettert er unbeholfen durch das Geäst der Bäume. Hebt er doch mal ab, legt er nur kurze Strecken zurück. Sein Nest baut er immer direkt über dem Wasser. Wenn die Jungen zwei bis drei Wochen nach dem Schlüpfen das erste Mal das Nest verlassen, hüpfen sie einfach ins Wasser, denn sie können gut schwimmen. Auch bei Gefahr bringen sie sich auf diese Weise in Sicherheit. Anschließend klettern sie wieder auf den elterlichen Baum. Dabei helfen ihnen ihre Krallen an den Flügelspitzen. Diese nützlichen Kletterhilfen verlieren sie allerdings, wenn sie älter sind.

Steckbrief

Hoatzin

Lebensraum: Regenwald
Verbreitung: Südamerika
Größe: bis zu 70 Zentimeter

Funny Fact

Gefiederte Stinkbombe

Da der Hoatzin fast nur Blätter frisst, die schwer verdaulich sind, hat er einen besonders großen Kropf, in dem der Pflanzenbrei von Bakterien schon einmal vorverdaut wird. Die Sache hat nur einen Haken: Der Hoatzin stinkt bestialisch – weshalb er auch Stinkvogel genannt wird!

Kleines Jungtier

Anfangs sind die Küken fast nackt, erst später bildet sich ihr Federkleid aus. Um Nahrung müssen sie sich nicht kümmern: Sie bedienen sich aus dem Kropf ihrer Eltern.

Flugversuche

Im Fliegen ist der Hoatzin kein Meister – vermutlich ist er einfach zu schwer. Seine Flugmuskulatur ist zudem nicht stark genug, um ihn über längere Strecken in der Luft zu halten. Dafür ist der Vogel ein guter Schwimmer und Taucher.

Unglaublich!

Der Hoatzin hat seine Wurzeln ursprünglich in Afrika. Wie aber ist der Vogel, der noch dazu ein sehr schlechter Flieger ist, nach Südamerika gekommen? Es wird vermutet, dass der Hoatzin vor vielen Millionen Jahren auf großen Stücken Treibgut nach Amerika geschwemmt wurde.

H wie … Honigbiene

Honigbienen sind ganz besondere Nutztiere: Sie stellen nicht nur Honig her, sondern sorgen auch dafür, dass etwa Obstbäume Früchte tragen. 80 Prozent der Blütenpflanzen werden von Insekten wie den Bienen bestäubt. Die Bienen leben mit bis zu 50 000 Artgenossen in einem Staat. Die meisten sind Arbeiterinnen. Je nach Alter übernehmen sie unterschiedliche Aufgaben: Sie bauen Waben, pflegen Larven, putzen den Bienenstock, sammeln Nektar oder bewachen das Nest. In jedem Staat gibt es außerdem eine Königin. Im Sommer bricht sie zum Hochzeitstanz auf, bei dem sie von den männlichen Drohnen befruchtet wird. Danach legt sie täglich bis zu 2 000 Eier! Aus denen schlüpfen Larven, die sich zu erwachsenen Bienen entwickeln.

Steckbrief

Honigbiene

Lebensraum: gemäßigte Regionen mit Blütenpflanzen wie Gärten oder Wälder

Verbreitung: Nordamerika, Europa, Vorderasien

Größe: bis zu 1,50 Zentimeter

Blütenstaub

Die Bienen saugen den Nektar aus der Blüte. Den Blütenstaub transportieren sie als farbige »Höschen« an den Hinterbeinen.

Wenn eine Biene einen Menschen sticht, dann ist das bekanntlich ihre letzte Handlung, denn in der dehnbaren Haut der Säugetiere bleibt ihr mit Widerhaken besetzter Stachel stecken.

Stachel

Geschäftiges Treiben

Im Bienenstock dreht sich alles um die Larven in ihren Brutzellen.

Flüssiges Gold

Süß und schmackhaft: Honig besteht zu etwa 80 Prozent aus Zucker.

Unglaublich!

Der Ausdruck »fleißiges Bienchen« kommt nicht von ungefähr. Um ein Kilogramm Honig zu produzieren, muss eine Biene 60 000 Ausflüge unternehmen!

H wie …

Honigdachs

Wenn der Honigdachs durch sein Revier streift, muss er kaum Feinde fürchten. Mit seinen scharfen Krallen, dem mächtigen Gebiss und seiner dicken, fast undurchdringlichen Haut ist er hervorragend gegen Angreifer gewappnet. Fühlt er sich bedroht, kann er zudem eine übel stinkende Flüssigkeit aus seinen Analdrüsen verspritzen. So ausgerüstet, müssen sich sogar Löwen vor ihm in Acht nehmen. Honigdachse fressen am liebsten Fleisch. Meist gehen sie in der Dämmerung auf die Jagd nach kleinen Säugetieren, Vögeln, Eiern, Fröschen oder Insektenlarven. Außerdem haben sie eine Schwäche für Honig. Meist suchen sie ihre Nahrung zwar auf dem Boden, aber für die süße Leckerei klettern sie auch schon mal auf einen Baum.

Honiganzeiger

Beste Freunde

Hat der Honiganzeiger ein Bienennest gefunden, führt er den Honigdachs durch Rufen dorthin.

Unglaublich!

Zusammen mit dem Honiganzeiger, einem Vogel, macht das Raubtier gemeinsame Sache. Der Vogel sucht Bienennester und lockt den Honigdachs dorthin. Während der den Bau aufbricht, um sich über die Bienen und den Honig herzumachen, verputzt der Honiganzeiger die Larven.

Schon gewusst?

Der Honigdachs weiß, wie gut er für den Kampf gerüstet ist, und gilt deshalb auch als eines der aggressivsten Tiere der Welt. Er scheut sich nicht einmal davor, sogar Büffel anzugreifen, Hyänen zu vertreiben oder giftigen Schlangen das Futter abzunehmen.

Fellmuster

Die Fellmusterung des Honigdachses ist äußerst selten in der Tierwelt. Normalerweise ist nämlich die helle Farbe auf der Bauchseite, während die dunklere am Rücken ist. Beim Honigdachs ist es umgekehrt – mit dem Ziel, Angreifer zu verwirren.

Steckbrief

Honigdachs

Lebensraum: Halbwüste, Savanne, Wälder

Verbreitung: Afrika, Naher Osten bis Indien

Größe: bis zu 80 Zentimeter

Raubtiergebiss

Für seine süße Leibspeise braucht der Honigdachs seine scharfen Zähne zwar nicht. Doch sein Raubtiergebiss ermöglicht ihm, Beute zu packen und Fleisch zu zerkleinern.

H wie ...

Hyazinthara

Schon gewusst?

Der Bestand des Hyazintharas ist stark gefährdet. Weil viele Leute ihn als Ziervogel im Haus halten wollen, hat sich die Anzahl der Hyazintharas in Freiheit drastisch verringert.

Der Hyazinthara ist die größte Papageienart der Welt. Das kobaltblaue Gefieder und die gelben Flecken machen den schönen Vogel unverwechselbar. Mit seinem extrem kräftigen Schnabel knackt der Ara mühelos die harte Schale der Palmnüsse, die zu seinen Lieblingsspeisen gehören. Auch beim Klettern ist der Schnabel ein nützliches Hilfsmittel. Der Hyazinthara mag es gesellig und lebt in einem Familienverband von bis zu sechs Tieren im Regenwald. Hat er eine Partnerin gefunden, bleibt er mit dieser sein ganzes Leben lang zusammen. Während das Weibchen nach der Paarung die Eier in einer Baumhöhle ausbrütet, wird es vom Männchen mit Futter versorgt.

Erst in der Luft zeigt sich die extrem große Flügelspannweite des Aras, der als die größte Papageienart gilt.

Eindrucksvoll

Der leuchtend gelbe Augenring und der gelbe Wulst um den unteren Schnabel sind ungefiedert.

Teilen

Das Männchen schnäbelt mit dem Weibchen und reicht ihm eine Nuss weiter.

Angeberwissen

Der Hyazinthara gehört zusammen mit dem Lear-Ara und dem Türkisara zu den Blauaras. Der Türkisara ist vermutlich ausgestorben.

Steckbrief

Hyazinthara

Lebensraum: tropischer Wald, Regenwald

Verbreitung: zentrales Südamerika

Größe: bis zu einem Meter

I wie …

Indischer Rotfeuerfisch

Der Indische Rotfeuerfisch lebt in bis zu 50 Metern Tiefe im Indischen Ozean und im Roten Meer. Tagsüber hält er sich gut verborgen unter großen Korallenstöcken oder in Höhlen auf. Erst in der Dämmerung geht er auf die Jagd nach kleinen Krebstieren und Fischen. Der prachtvolle Fisch ist ein langsamer Schwimmer. Dafür ist er in seinem natürlichen Lebensraum vor seinen Fressfeinden gut getarnt: Die auffallend langen Flossenstrahlen an den Brustflossen und der vorderen Rückenflosse sowie die rot-braune Färbung mit den weißen Streifen sorgen dafür, dass seine Konturen vor dem Korallenriff verschwimmen.

Mit seinem Gift kann sich der Indische Rotfeuerfisch gegen Angreifer verteidigen. Auch Taucher halten lieber Abstand.

Unglaublich!

In den 13 stacheligen Strahlen der Rückenflosse des Indischen Rotfeuerfisches befindet sich ein starkes Gift. Auch für den Menschen ist das Gift äußerst schmerzhaft.

Giftige Stacheln

Rote Streifen

Die Streifen dienen zur Abschreckung und Warnung.

Angriff

Mit seinen Brustflossen treibt der Indische Rotfeuerfisch seine Beute in die Enge. Jetzt wirds brenzlig!

Steckbrief

Indischer Rotfeuerfisch

Lebensraum: Korallenriffe, Meer

Verbreitung: Indischer Ozean, Rotes Meer

Größe: bis zu 40 Zentimeter

J wie ...

Jaguar

Schon gewusst?

Genauso wie bei Leoparden und Pumas kommt bei Jaguaren der sogenannte Melanismus vor, das heißt, dass ein Tier mit schwarzem Fell geboren wird. Diese Tiere werden dann Panther genannt. Bei gutem Licht sieht man aber trotzdem noch das typische Fellmuster.

Steckbrief

Jaguar

Lebensraum: tropischer Wald, Regenwald, Feuchtgebiete, Grasland

Verbreitung: Mittel- und Südamerika

Größe: bis zu 1,80 Meter

Auf lautlosen Pfoten schleicht der Jaguar durch den südamerikanischen Regenwald. Er hat ein goldgelbes Fell mit ringförmigen, schwarzen Flecken. Mit diesem Muster ist er gut getarnt, denn es ahmt das Lichtspiel im dichten Unterholz nach. Am liebsten hält er sich in Wassernähe auf.Er ist ein sehr guter Schwimmer und legt auch längere Strecken im Wasser zurück. Der Einzelgänger jagt rund 85 verschiedene Tierarten, darunter Wasserschweine, Hirsche, Tapire und Gürteltiere, aber auch Affen und Fische. Ihre Beute tötet die Raubkatze meist mit einem Biss in den Hals oder Schädel. Mit seinem extrem kräftigen Gebiss kann der Jaguar sogar einen Schildkrötenpanzer durchbeißen.

Der Jaguar steht an der Spitze der Nahrungskette und hat außer dem Menschen keine natürlichen Feinde. Doch große Teile seines Lebensraums sind durch Abholzung bedroht.

Unglaublich!

Jaguare sind sehr starke Jäger. Einen schnellen Sprint können sie nur kurz durchhalten; daher schleichen sie sich so nah wie möglich an ihre Beute heran. Zum Schluss stürzen sie sich mit einem kräftigen Sprung auf ihr Opfer.

Pro Wurf kommen ein bis vier Jungtiere zur Welt. Bis sie die Größe einer ausgewachsenen Hauskatze haben, vergehen ungefähr sechs Wochen.

K wie …

Kaiserpinguin

Kaiserpinguine bekommen ihren Nachwuchs in der kältesten Region der Welt, der Antarktis. Auf ihrem Weg von der Küste ins Innere der Eiswüste rutschen sie gerne auf dem Bauch über das Eis, um energiesparend vorwärtszukommen. Am Brutplatz angekommen, legt das Weibchen seinem Partner das Ei auf die Füße und kehrt ins Meer zurück. Das Männchen stülpt eine wärmende Bauchfalte darüber und brütet so das Ei aus. Das Weibchen kommt erst wieder, wenn das Küken geschlüpft ist. Im Gepäck hat es dann vorverdauten Fisch für das Junge. Erst dann kann das mittlerweile halb verhungerte Männchen zum Meer, um dort zu jagen. Abwechselnd füttern die Eltern nun das Junge, bis es sich alleine versorgen kann.

Damit nichts vom leckeren Fischbrei danebengeht, steckt der Nachwuchs seinen Kopf tief in den elterlichen Hals.

Auf dem Weg zurück ins Meer: Warum laufen, wenn man auf dem Eis schlittern kann?

→ Rekord

1000 km

legen Kaiserpinguine bei der Futtersuche zurück.

Kaiserpinguine können bis zu 15 Kilometer pro Stunde schnell schwimmen und sind hervorragende Taucher.

Steckbrief

Kaiserpinguin

Lebensraum: Küstenregionen

Verbreitung: Antarktis

Größe: bis zu 1,30 Meter

→ Schon gewusst?

40 Kilogramm schwer und über einen Meter groß können Kaiserpinguine werden. Sie sind damit die größten Pinguine.

K wie ...

Katta

Schwanz

Der hochaufragende Schwanz signalisiert den Aufenthaltsort eines Kattas.

Etwa 60 Zentimeter lang

Schon gewusst?

Bei den meisten Tieren werden kleine Grüppchen von einem Männchen angeführt. Bei den Kattas jedoch haben ganz klar die Frauen das Sagen. Das stärkste Weibchen ist der Chef, dahinter kommen die übrigen Weibchen und erst danach die Männchen.

Das auffälligste Merkmal der Kattas ist ihr langer schwarz-weiß geringelter Schwanz. Diesen nutzen sie unter anderem für die Verständigung mit ihren Artgenossen: Beim Gehen recken sie ihn steil in die Höhe, denn am Schwanz erkennen sich die Tiere gegenseitig. Zur Paarungszeit tragen die Männchen mit ihm regelrechte Stinkkämpfe aus: Dabei bestreichen sie ihn mit einer stinkenden Substanz, die sie in Duftdrüsen produzieren, und schwenken ihn ihrem Kontrahenten entgegen. Außerdem halten sie beim Klettern und Springen mit dem Schwanz das Gleichgewicht. Kattas fressen am liebsten Früchte, mit denen sie zum Teil auch ihren Durst stillen. Darüber hinaus stehen Blätter, Blüten und Insekten auf ihrem Speiseplan.

Kattas schlafen nachts auf Bäumen. Häufig kuscheln sie sich dabei eng aneinander.

Sonnenanbeter

Funny Fact

Total relaxt

Kattas sind richtige Sonnenanbeter. Dabei sitzen sie aufrecht und legen die Hände auf die Knie. Sie schauen dann aus, als würden sie meditieren.

Steckbrief

Katta

Lebensraum: tropischer Wald

Verbreitung: südwestliches Madagaskar

Größe: bis zu 50 Zentimeter

K wie ...

Kegelrobbe

Neben den kleineren Seehunden ist die Kegelrobbe die zweite Robbenart, die auch an deutschen Küsten vorkommt. Das Raubtier ernährt sich vor allem von Fischen, von denen es am Tag rund zehn Kilogramm benötigt, um satt zu werden. Pfeilschnell schießt es bei der Jagd durch das Wasser und taucht bis zu 100 Meter tief! Zur Paarungszeit scharen sich mehrere Weibchen um ein Männchen. Elf Monate nach der Paarung werden dann die jungen Robben geboren. Zunächst haben sie ein flauschiges, weißes Fell und liegen alleine am Strand, bis das Weibchen zum Säugen kommt. Erst wenn ihnen nach zwei bis vier Wochen ein wasserdichtes, graues Fell gewachsen ist und eine dicke Fettschicht sie vor der Kälte schützt, gehen sie schwimmen.

Kegelrobben finden sich zur Paarungszeit an den Küsten zusammen.

Schon gewusst?

An Land sind Kegelrobben ziemlich schwerfällig, sie können sich nur sehr langsam fortbewegen. Im Wasser sieht es dagegen ganz anders aus, denn sie sind sehr gute Schwimmer und Taucher.

Fellfarbe

Weibchen haben ein helles Fell mit dunklen Flecken, bei den Männchen ist es umgekehrt. Die Jungen haben einen weißen Pelz.

Steckbrief

Kegelrobbe

Lebensraum: Küstenregionen, Meer

Verbreitung: Nordatlantik, Ostsee

Größe: bis zu drei Meter

Junge Kegelrobbe

Junge Kegelrobben nehmen sehr schnell zu. Etwa ein bis zwei Kilogramm am Tag, da die Muttermilch sehr fettreich ist.

K wie ...

Kiwi

Der Kiwi ist der Nationalvogel der Neuseeländer. Man findet ihn auf Briefmarken oder wie hier als Statue.

Der Kiwi ist der kleinste Laufvogel der Welt – und der Liebling der Neuseeländer. Dabei ist das neuseeländische Nationaltier auf den ersten Blick eher unscheinbar. Er hat einen plumpen Körper, keinen Schwanz und kurze Stummelflügel, die zum Fliegen nicht taugen. Dafür hat er aber starke Beine und große Füße, die ihn zu einem ausdauernden und schnellen Läufer machen. Um im Stehen das Gleichgewicht zu halten, stützt er sich häufig auf seinen langen Schnabel. Auf der Suche nach leckeren Würmern und Larven stochert er damit im Boden herum. Anders als bei anderen Vögeln befinden sich seine Nasenlöcher an der Schnabelspitze. So kann er seine Beute auch unter der Erde riechen!

In Neuseeland weisen diese Schilder auf den nachtaktiven Vogel hin.

Nasenlöcher

Der Kopf der Kiwis ist relativ klein, der Schnabel sehr lang und nach unten gebogen. Beim Streifenkiwi wird der Schnabel bis zu 15 Zentimeter lang.

Schon gewusst?

Die Inselbewohner haben nach dem flugunfähigen Vogel sogar eine Frucht benannt: die Kiwifrucht.

Steckbrief

Kiwi

Lebensraum: gemäßigter Wald, Grasland, Gebüsch, Küstenregionen

Verbreitung: Neuseeland

Größe: bis zu 65 Zentimeter

K wie …

Klapperschlange

Fühlt eine Klapperschlange sich bedroht, ertönt ihr unheimliches Geklapper. Es dient als Warnung – schließlich kann ein Biss mit ihren Giftzähnen tödlich sein. Bei der Jagd lauert sie dagegen vollkommen geräuschlos in ihrem Versteck. Kommt ihr ein Beutetier zu nah, stößt sie den Kopf nach vorne, fährt ihre Giftzähne aus und beißt zu. Dabei dosiert sie die Giftmenge ganz genau, denn es kostet viel Energie, das Gift herzustellen. Sobald das Gift wirkt, verschlingt sie ihre Beute im Ganzen. Und bricht bei einem Angriff mal ein Zahn ab, wächst gleich ein neuer nach. Doch trotz ihrer giftigen Waffe hat auch die Klapperschlange viele Fressfeinde: zum Beispiel Füchse, Kojoten oder Königsnattern.

Schon gewusst?

Die Schlange spürt ihre Beute mithilfe ihres Grubenorgans auf. Dieses befindet sich zwischen Augen und Nase und kann feinste Temperaturunterschiede wahrnehmen. So spürt sie durch dessen Körperwärme, ob ein Beutetier in der Nähe ist. Außerdem nimmt sie mit der Zunge den Geruch ihrer Beute auf.

Giftzahn

Das Gift der Klapperschlange kann auch für den Menschen tödlich sein. Die Giftzähne sind nadelspitz. Wenn sie abbrechen, können sie wieder nachwachsen.

Schlangenhaut

Die Färbung der Schlangenhaut ist abhängig von der Umgebung und vom Lebensraum.

Klapper, klapper

Das klappernde Geräusch, das der Schlange ihren Namen gab, erzeugt sie, indem sie ihre Schwanzrassel 40 bis 60 Mal pro Sekunde hin- und herschüttelt.

Steckbrief

Klapperschlange

Lebensraum: Berge, Hochland, Geröllhänge, Wüste, Halbwüste, Feuchtgebiete

Verbreitung: Amerika

Größe: bis zu 2,40 Meter

Dies ist eine Westernklapperschlange. Insgesamt gibt es 29 Klapperschlangenarten. Sie alle kommen nur in Amerika vor. Die größten Arten sind die Diamant- und die Texasklapperschlange.

K wie …

Knoblauchkröte

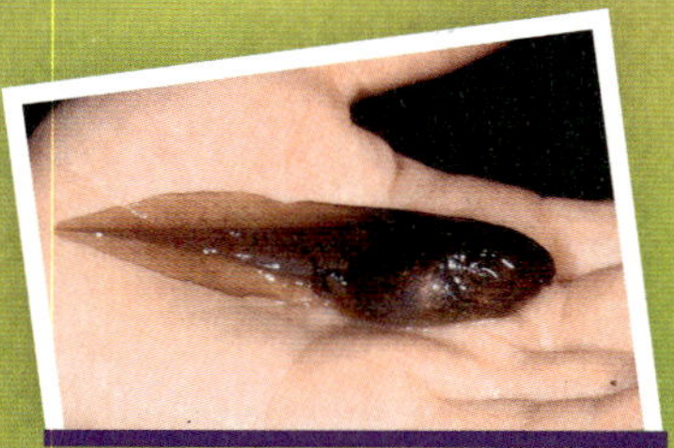

Schon gewusst?

Die Kaulquappen der Knoblauchkröte können riesig sein. In Ausnahmefällen bis zu 22 Zentimeter!

Die Knoblauchkröte verbringt den Tag am liebsten in selbst gegrabenen Erdlöchern. An den Fußsohlen ihrer Hinterfüße hat sie harte Grabschwielen, mit denen sie flink buddeln kann. Unter der Erde ist sie gut vor dem Austrocknen sowie vor Fressfeinden geschützt. Erst in der Nacht wagt sie sich heraus, um Insekten zu jagen. Zur Paarungszeit wandert der Froschlurch zu einem Gewässer. Hat sich ein Paar gefunden, laicht das Weibchen seine Eier im Wasser ab, während das Männchen diese gleichzeitig befruchtet. Die bis zu zwei Zentimeter dicken Laichschnüre bestehen aus 1 200 bis 3 400 braunschwarzen Eiern, die um Pflanzenstängel gewunden werden. Nach vier bis 14 Tagen schlüpfen daraus die Kaulquappen.

Tarnung

Diese hübsche Kröte hebt sich kaum vom Untergrund ab. Jede Kröte ist unterschiedlich gemustert.

Eingegraben

Die Knoblauchkröte ist hauptsächlich nachtaktiv. Mit den harten Grabschwielen an ihren Hinterbeinen gräbt sie sich tagsüber ein.

Steckbrief

Knoblauchkröte

Lebensraum: Sanddünen, Heidegebiete

Verbreitung: Mittel- und Osteuropa, Westasien

Größe: bis zu acht Zentimeter

Funny Fact

Mir stinkt's!

Wenn die Knoblauchkröte in Stress gerät, dann sondert sie ein Sekret ab, das nach Knoblauch riecht.

Bedrohte Art

Die Knoblauchkröte gilt in Deutschland als stark gefährdet.

Koala

Koalas sind sehr wählerisch: Die nachtaktiven Baumbewohner fressen nur ausgewählte Blätter von ganz bestimmten Eukalyptusarten. Denn in deren Blättern steckt ein Gift, das ihr Magen nur zum Teil neutralisieren kann. Daher achten die Tiere genau darauf, dass die Dosierung nicht zu hoch ist. Das Jungtier wächst im Beutel des Weibchens heran. Nach der Geburt ist es nackt, blind und nur etwa zwei Zentimeter groß. Trotzdem klettert es selbstständig in den Beutel, wo es beginnt, an der Zitze zu saugen. Diese schwillt an und es bleibt daran hängen. Erst nach fünf bis sechs Monaten steckt das Junge seinen Kopf zum ersten Mal heraus. Später verlässt es immer häufiger den Beutel und lernt langsam, Eukalyptusblätter zu fressen.

→ Schon gewusst?

Koalas nutzen die Baumstämme zum Kühlen. Wenn es sehr heiß ist, sitzen sie in Stammnähe auf den dicksten Ästen und umarmen den Ast oder liegen darauf.

Schlafmütze

→ Rekord
18 Stunden
verbringen Koalas im Durchschnitt schlafend in Bäumen.

Klettermeister

Koalas sind hervorragende Kletterer. Am Boden bewegen sie sich aber eher plump vorwärts. Sind die Jungen größer, trägt die Mutter sie häufig auf dem Rücken.

Auch wenn sie manchmal als Bären bezeichnet werden: Koalas sind Beuteltiere!

Steckbrief

Koala

Lebensraum: gemäßigter Wald
Verbreitung: Ostaustralien
Größe: bis zu 80 Zentimeter

K wie …

Koboldmaki

Koboldmakis haben an Fingern und Zehen Haftpolster. Damit können sie sich beim Klettern an den Bäumen festheften, um nicht herunterzufallen.

Koboldmakis können ihren Hals sehr weit drehen. **(1)** *Hier schaut der Koboldmaki nach vorne.* **(2)** *Hier guckt er nach hinten.*

Mit seinem feinen Gehör und den riesigen, nach vorne gerichteten Augen ist der Sunda-Koboldmaki bestens für das nächtliche Leben im Regenwald gerüstet. Zwar sind die Augen fast unbeweglich, doch er ist in der Lage, seinen kurzen Hals auf beiden Seiten um 180 Grad zu drehen. Außerdem kann er seine Ohren unabhängig voneinander bewegen. Auf diese Weise hört er sogar das Flattern einer Fledermaus! Seine extrem langen, kräftigen Beine ermöglichen ihm bis zu drei Meter weite Sprünge. Als reiner Fleischfresser ernährt sich der kleine Inselbewohner vor allem von Insekten, die er geschickt mit den Händen fängt. Dabei hält er sich meist nahe am Boden auf und klettert nur selten höher als zwei Meter.

Koboldmakis sind als Haustiere völlig ungeeignet. Werden sie dennoch gefangen, sterben sie meist schon nach kurzer Zeit.

Steckbrief

Koboldmaki

Lebensraum: Regenwald

Verbreitung: Südostasien

Größe: bis zu 16 Zentimeter

Schon gewusst?

Koboldmakis sind Akrobaten der Lüfte. Wenn sie von einem Baum zum anderen springen, stoßen sie sich aus senkrechter Position ab. Dann drehen sie sich in der Luft und landen mit den Hinterbeinen zuerst am nächsten Stamm.

K wie … Kolibri

Schon gewusst?

Der Adlerschnabelkolibri hat sich auf Helikonien spezialisiert. So muss er den süßen Nektar mit niemandem teilen. Denn nur sein gekrümmter Schnabel passt in die gebogene Blüte.

Meisterleistung

Im Stehflug saugt dieser Zimtkolibri Nektar aus einer Fuchsienblüte.

Ziemlich lang

Beim Schwertschnabelkolibri ist der Schnabel länger als der übrige Körper des Vogels.

Kolibris sind elegante Flugkünstler. Sie können nicht nur vorwärts, sondern auch seitwärts oder rückwärts fliegen und sogar in der Luft stehen bleiben. Möglich machen das ihre extrem beweglichen Flügel und ihr schneller Flügelschlag – sie kommen auf 40 bis 80 Schläge in einer einzigen Sekunde! Weil bei ihrem Schwirrflug ein summendes Geräusch entsteht, heißen sie auf Englisch »hummingbird«, also Summvogel. Ihr Flugstil kostet allerdings viel Kraft, weshalb ein Kolibri dauernd Nahrung zu sich nehmen muss. Mit ihrer außergewöhnlich langen Zunge saugen sie dann im Flug Nektar aus Blüten oder fangen kleine Insekten. Sie verputzen jeden Tag etwa das Doppelte ihres eigenen Körpergewichts!

Kleines Kunstwerk

Das Nest der Bienenelfe wird nur vom Weibchen gebaut.

Rekord

2 Gramm

nur wiegt die Bienenelfe und ist damit der leichteste Vogel der Welt. Die Eier dieses Kolibris sind erbsengroß.

Ziemlich klein

Die Eier der Rostbauchamazilie, einer Kolibriart, sind etwa so groß wie eine 1-Cent-Münze.

Steckbrief

Kolibri

Lebensraum: tropischer Wald, Regenwald und Laubwälder

Verbreitung: Nord- und Südamerika

Größe: bis zu 25 Zentimeter

K wie …

Komodowaran

Der Komodowaran ist nicht nur ziemlich groß, sondern auch ganz schön giftig! Wenn die Riesenechsen mit ihren messerscharfen Zähnen zubeißen, geben sie gleichzeitig ein tödliches Gift ab, um ihre Beute zur Strecke zu bringen. Auf diese Weise erlegen sie auch große Wildtiere wie Hirsche, Wildschweine oder Wasserbüffelkälber. Aber auch kleinere Säugetiere und junge Artgenossen stehen auf ihrem Speiseplan. Um nicht gefressen zu werden, klettern die Jungtiere deshalb auf Bäume, die ein ausgewachsener Komodowaran nicht mehr besteigen kann. Ein erwachsener Waran hat keine natürlichen Feinde mehr. Trotzdem ist er vom Aussterben bedroht, weil sein Lebensraum immer kleiner wird.

Steckbrief

Komodowaran

Lebensraum: Grasland, Felder, Gebüsch

Verbreitung: Indonesien (Komodo, Rinca, Padar, West-Flores)

Größe: bis zu drei Meter

Komodowarane können bei einer einzigen Mahlzeit bis zu 80 Prozent ihres Körpergewichts aufnehmen.

Unglaublich!

Komodowarane sind gute Schwimmer und können an Land bis zu 20 Stundenkilometer schnell laufen!

Rekord

3 Meter

lang und 130 Kilogramm schwer kann ein ausgewachsener Komodowaran werden.

K wie …

Königskobra

Sie ist nicht nur die längste, sondern auch eine der gefährlichsten Giftschlangen der Welt: Die Königskobra kann über fünf Meter lang werden und die von ihr abgegebene Giftmenge reicht aus, um einen Elefanten zu töten. Fühlt sie sich bedroht, richtet sie sich drohend auf. Auf diese Weise kann sie eine Höhe von bis zu 1,50 Meter erreichen und blitzschnell zubeißen. Trotzdem ist das Reptil eher scheu und weicht gefährlichen Situationen am liebsten aus. Aggressiv sind nur die Weibchen, die ihr Nest verteidigen. Als eine der wenigen Schlangen legt sie ihre Eier in ein Bodennest, das sie aus Blättern errichtet und in das sie bis zu 40 Eier legt.

Unglaublich!

Auch wenn eine Königskobra schon tot ist, kann sie noch viel Schaden anrichten. Denn dank Muskelzuckungen im Kiefer kann man von einigen Giftschlangen selbst nach deren Tod gebissen werden. Sie sind also sogar tödlich, wenn sie selbst schon tot sind!

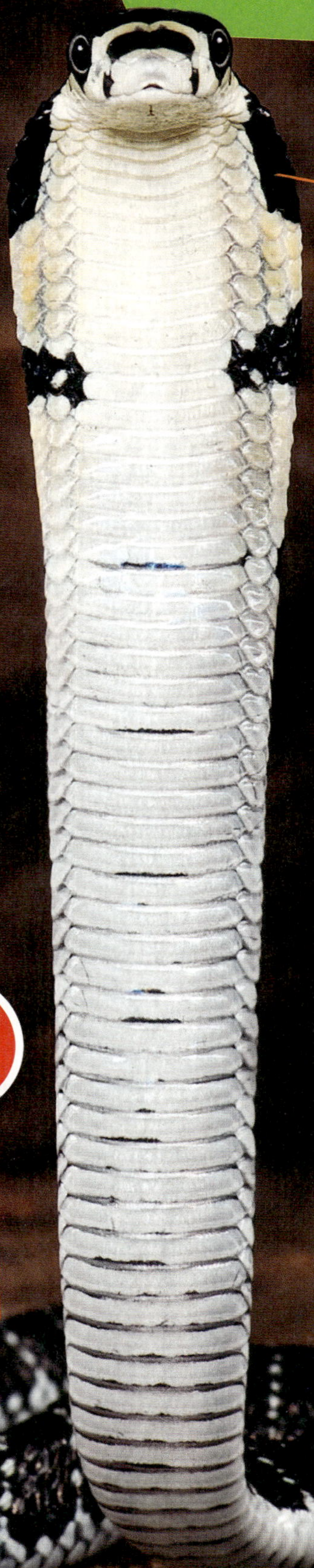

Halsschild

Bei Gefahr hebt die Königskobra ihren Kopf und stellt den schmalen Schild auf.

Nachwuchs

Bereits bei frisch geschlüpften Schlangen sind Zähne und Gift voll ausgebildet und einsatzbereit!

Schwimmen

Die Königskobra lebt gern in der Nähe von Wasser und ist eine gute Schwimmerin.

Schon gewusst?

Die Königskobra ist dafür bekannt, dass sie andere Schlangen jagt und frisst, auch wenn diese giftig sind.

Steckbrief

Königskobra

Lebensraum: tropischer Wald, Regenwald

Verbreitung: Süd- und Südostasien

Größe: bis zu 5,50 Meter

K wie …

Krabbenspinne

Steckbrief

Krabbenspinne

Lebensraum: Wald, Wiesen, Waldränder, auf Blüten

Verbreitung: weltweit

Größe: bis zu elf Millimeter

Krabbenspinnen lauern oft auf Blüten. Sie besitzen ein starkes Gift, mit dem sie zum Beispiel auch Bienen und Falter töten können.

Gut getarnt

Häufig sind Krabbenspinnen so gut getarnt, dass sie sowohl für ihre Beute als auch für Fressfeinde nahezu unsichtbar sind.

Schon gewusst?

Allen Krabbenspinnenarten gemeinsam sind die beiden langen Vorderbeinpaare. Wenn die Spinnen sich ruhig verhalten, werden diese Vorderbeine leicht angewinkelt, beim Krabbeln führen sie damit ihre krabbenartige Seitwärtsbewegung aus. Krabbenspinnen können aber auch vorwärts- und rückwärtslaufen.

Einige Krabbenspinnen können zur Tarnung ihre Farbe wechseln und sich so an ihre Umgebung anpassen. Die auffälliger gefärbten Exemplare leben vor allem auf Blüten und Blättern, die dunkleren auf Baumstämmen oder in Bodennähe. Die Tiere spinnen keine Netze, sondern lauern ihrer Beute auf. Diejenigen, die ihr Aussehen an eine Blüte angepasst haben, jagen Bienen oder blütenbestäubende Insekten, die dann häufig direkt neben der gut getarnten Spinne landen. Mit ihren langen, kräftigen Vorderbeinen packt sie ihr Opfer. Dabei achtet sie darauf, dem Stachel nicht zu nahe zu kommen! Mit einem Biss injiziert die Krabbenspinne ihr schnell wirkendes Gift in den Nacken. Anschließend saugt sie die gelähmten Tiere aus.

Gute Augen

Die Krabbenspinne kann gut sehen. Das ist sehr wichtig, denn sie jagt ohne Netz und muss ihre Beute im Blick haben, bevor sie zupackt.

K wie …

Kragenechse

Die Kragenechse sieht aus wie ein Drache – zumindest wenn sie sich in Gefahr wähnt. Denn dann verwandelt sich das unscheinbare Tier in eine bedrohliche Riesenechse: Sie reißt ihr Maul auf, zeigt ihre Zähne und spannt ihren Hautkragen auf. Gleichzeitig steht sie auf den Hinterbeinen, schlägt mit dem Schwanz und zischt. Jetzt wirkt sie riesengroß und so gefährlich, dass die meisten Feinde schnell das Weite suchen. Normalerweise sitzt sie jedoch regungslos in einem Baum auf der Lauer nach Heuschrecken, Spinnen oder anderen Insekten. Hat sie etwas entdeckt, klettert sie blitzschnell vom Ast, rennt auf ihren Hinterbeinen los und schnappt sich die Beute.

Unglaublich!

Ein echtes Großmaul: Der Kragen besteht aus einem Hautlappen, der durch Knorpelstangen verstärkt wird. Das Aufspannen funktioniert, indem sie ihr Maul weit öffnet und dabei die an den Knorpelstangen hängenden Muskeln anspannt. Neben der Abschreckung dient der Kragen auch zur Kommunikation mit anderen Artgenossen und zur Temperaturregelung.

Steckbrief

Kragenechse

Lebensraum: tropischer Wald und Regenwald

Verbreitung: südliches Neuguinea, Nordaustralien

Größe: bis zu einem Meter

Tarnkünstler!

Mit ihrer braun-grauen Färbung und eingeklapptem Kragen ist die Kragenechse perfekt an ihre Umgebung angepasst. Für ihre Fressfeinde, wie etwa Schlangen oder Greifvögel, ist sie auf den Ästen nahezu unsichtbar.

Schön gefaltet: Der eingeklappte Kragen liegt in Falten am Körper.

Der Kragen ist oft bunt gefärbt. Das macht ihr Aussehen doppelt bedrohlich.

K wie …

Kuckuck

Steckbrief

Kuckuck

Lebensraum: gemäßigter Wald, Nadelwald

Verbreitung: Europa, Asien, Nordwest- und südliches Afrika

Größe: bis zu 33 Zentimeter

Funny Fact

Kuckucksuhr

Das Vorbild für die Kuckucksuhren, wie wir sie heute kennen, sind die Bahnwärterhäuschen der Schwarzwaldbahn. Die Kuckucksuhren sind nach wie vor ein Exportschlager und der Kuckuck auch dadurch auf der ganzen Welt bekannt.

Den Kuckuck erkennt man an seinem unverwechselbaren »Gu-Ku«. Da er sehr scheu ist, sieht man ihn allerdings selten. Er ist ein Einzelgänger, der sich nur zur Brutzeit einen Partner sucht. Auch um seinen Nachwuchs kümmert er sich nicht selbst. Das Weibchen schmeißt einfach ein Ei aus dem Nest eines Singvogels und legt stattdessen sein eigenes hinein. Wird der Betrug nicht entdeckt, brüten die Zieheltern das Kuckucksei mit aus. Sobald der Jungkuckuck geschlüpft ist, wirft er die anderen Küken aus dem Nest. Auf diese Weise entledigt er sich der mitfressenden Konkurrenz und wird so lange von seinen Zieheltern gefüttert, bis er flügge ist.

Die Eier eines Kuckucksweibchens sind immer farblich an die Eier eines bestimmten Singvogels angepasst. Nur die Größe ist verräterisch! Fällt der Betrug auf, schmeißen die Zieheltern es aus dem Nest oder sie verlassen gleich die ganze Brut.

Unglaublich!

Der Kuckuck ist ein Zugvogel. Die meisten Kuckucke legen auf dem Hin- und Rückflug zwischen 8 000 und 12 000 Kilometer zurück.

K wie …

Kugelfisch

Kugelfische beherrschen einen einfachen, aber wirksamen Trick, um Fressfeinde abzuschrecken: Sie pumpen sich auf! Dazu pressen sie blitzschnell große Mengen Wasser in eine Erweiterung ihres Magens. Durch das Aufpumpen strafft sich die Haut und die normalerweise eng anliegenden Stacheln stellen sich auf. Den so entstandenen stachligen Ballon können auch größere Raubfische nicht mehr verschlucken. Außerdem können die meist eher scheuen Fische kräftig zubeißen, wenn sie sich bedroht fühlen. Kugelfische sind zwar langsam, aber sehr wendig und können sogar rückwärtsschwimmen. So manövrieren sie sich mit Leichtigkeit durch verwinkelte Korallenriffe.

Der Sattel-Spitzkopfkugelfisch ist besonders farbenprächtig.

Steckbrief

Kugelfisch

Lebensraum: Meer, Korallenriffe

Verbreitung: tropische Meere

Größe: bis zu 1,20 Meter (Riesenkugelfisch)

Panzerknacker

Mit ihrem kräftigen Gebiss knacken Kugelfische die Panzer von Krebsen und Schalen von Muscheln auf, um an ihre Beute zu kommen.

Unglaublich!

Viele Kugelfische sind giftig. Deshalb ist der Fugu Japans gefährlichste Delikatesse. Immer wieder sterben Feinschmecker beim Verzehr dieser Kugelfischart. Denn erst wenn der Fisch richtig zubereitet ist, ist er genießbar. Deshalb sollte der Fisch nur von Köchen zubereitet werden, die eine Prüfung zum Fugu-Experten abgelegt haben.

K wie ...

Kugelgürteltier

Kugelpanzer

Runde Sache

Bei Gefahr rollt sich das Kugelgürteltier zusammen. Ist die Gefahr vorüber, klappt es seine Panzerung langsam wieder auf und weiter geht's.

Schon gewusst?

Der einzige Feind des Kugelgürteltiers ist der Mensch. Er jagt das Tier wegen seines schmackhaften Fleisches und schränkt den Lebensraum des Kugelgürteltiers immer weiter ein.

Das Kugelgürteltier hat den perfekten Schutz vor Fressfeinden entwickelt: Droht Gefahr, rollt es sich zu einer rundum gepanzerten Kugel zusammen. Seine Beine stecken dann im Inneren des Panzers, der aus harten Knochenplatten besteht. Mit der Kopf- und der Schwanzplatte wird die Kugel fest verschlossen. So kommt kein tierischer Angreifer an es heran! Die nachtaktiven Kugelgürteltiere sind meist allein unterwegs. Es kommt allerdings vor, dass sich mehrere Tiere ein Schlafversteck teilen. Am liebsten fressen sie Insekten wie Ameisen oder Termiten, die sie mit ihrer klebrigen Zunge aufschlecken. Mit ihren kräftigen Krallen können sie hervorragend im Boden nach Leckerbissen graben und sogar Ameisen- oder Termitenbauten aufbrechen.

Der Panzer besteht aus vielen sechseckigen Horn- und Knochenplatten.

Unglaublich!

Trotz ihres kompakten Äußeren können Kugelgürteltiere schnell rennen, hüpfen und sogar schwimmen!

Steckbrief

Kugelgürteltier

Lebensraum: offenes Grasland, Savannen, trockene Waldgebiete

Verbreitung: mittleres Südamerika

Größe: bis zu 30 Zentimeter

L wie …

Leierschwanz

Steckbrief

Leierschwanz

Lebensraum: tropischer Wald und Regenwald

Verbreitung: Ost- und Südostaustralien

Größe: bis zu einem Meter

Unglaublich!

Von einem britischen Tierfilmer wurde ein Leierschwanz gefilmt, der unter anderem täuschend echt das Klickgeräusch eines Fotoapparates nachmachen konnte.

Balz

Mit einer Kombination von komplizierten Schrittfolgen und täuschend echter Imitation von Geräuschen wirbt der Leierschwanz um ein Weibchen.

Schon gewusst?

Seinen Namen hat der Leierschwanz nicht erhalten, weil er wie eine Leier klingen kann, sondern weil die aufgestellte Schwanzschleppe des Männchens wie dieses Musikinstrument geformt ist.

Der Leierschwanz ist der Stimmenkünstler unter den Vögeln, denn er ahmt so ziemlich alle Geräusche nach, die er in seiner Umgebung wahrnimmt. So kann er auch den Gesang anderer Vogelarten täuschend echt imitieren. Der scheue Vogel hält sich meist auf dem Boden auf und scharrt dort mit seinen Krallen nach Larven und Würmern. Das Männchen trägt eine lange Schleppe aus weißen Federn. Ist es auf Brautschau, stellt es seinen Schwanz wie ein Pfau auf und führt einen komplizierten Tanz auf, während es einen bestimmten Gesang anstimmt. Auf diese Weise will es dem Weibchen imponieren. Da der beste Tänzer die größten Chancen hat, übt es seine Schrittfolge oft jahrelang!

Hühnerei

Leierschwanzei

Brutpflege

Das Nest wird auf dem Boden, in einer Astgabel oder auf Baumstümpfen gebaut. Das Weibchen legt ein Ei und kümmert sich allein um den Nachwuchs.

L wie …

Leistenkrokodil

Auf der Suche nach Beute treibt das Leistenkrokodil lauernd im Fluss. Nähert sich ein Tier, taucht es zunächst ganz unter und beschleunigt sein Tempo. Dann schießt es plötzlich heraus, packt sein überraschtes Opfer und zieht es unter Wasser, damit es erstickt. Der gefährliche Jäger kann aber auch fast ein Jahr lang auf Nahrung verzichten! Er lebt dann von den Fettreserven in seinem Schwanz. Das Krokodilweibchen ist außerdem eine sehr fürsorgliche Mutter. Es legt etwa 20 bis 90 Eier, für die es ein Hügelnest aus Pflanzen und Erde baut. Das Gelege bewacht es, bis die Jungtiere schlüpfen. Dann trägt es sie vorsichtig zum Wasser.

Rekord

Bis zu **9 Meter** *lang kann ein Leistenkrokodil in Ausnahmefällen werden und vermutlich über 100 Jahre alt!*

Steckbrief

Leistenkrokodil

Lebensraum: Feuchtgebiete und stehende Gewässer, Flüsse, Bäche, Meer

Verbreitung: Südostasien, Nordaustralien

Größe: bis zu neun Meter

(1) Leistenkrokodile sind wechselwarme Lebewesen.
(2) Sie haben 60 bis 70 Zähne. Fallen sie aus, können sie immer wieder durch neue ersetzt werden.
(3) Sie können mit ihren großen Augen auch bei Dunkelheit gut sehen.

Schon gewusst?

Krokodile können nicht kauen, weil sie nur den Oberkiefer bewegen können. Deshalb müssen sie besonders dicke Brocken im Ganzen verschlingen. Doch mithilfe ihrer starken Magensäure lassen sich auch große Fleischstücke gut verdauen.

L wie …

Leuchtkäfer

Steckbrief

Leuchtkäfer

Lebensraum: auf Pflanzen, in Wäldern, auf Wiesen, im Boden, unter Steinen

Verbreitung: weltweit

Größe: bis zu drei Zentimeter

Unglaublich!

Bei manchen Leuchtkäferarten blinken die Männchen synchron, also gleichzeitig. Forscher nehmen an, dass es so einfacher für die Weibchen ist, ein Männchen der eigenen Art zu finden.

Leuchten

Beim Großen Leuchtkäfer leuchten sowohl die Weibchen wie auch die Männchen. Und auch die Larven haben Leuchtorgane. Bei den ausgewachsenen Insekten befinden sich diese am Hinterleib.

Flugunfähig

Die Weibchen des Großen Leuchtkäfers sind flugunfähig. Bei Nacht erklimmen sie zum Beispiel Grashalme, beginnen zu blinken und signalisieren so den flugfähigen Männchen ihre Paarungsbereitschaft.

In warmen Sommernächten knipsen die Leuchtkäfer ihr Licht an und gehen auf Partnersuche. Das Glimmen dient dazu, auf sich aufmerksam zu machen. Bei manchen Arten kann nur das Weibchen oder nur das Männchen leuchten, bei anderen haben beide Geschlechter ein Leuchtorgan. Das Leuchten entsteht durch eine biochemische Reaktion im Körper der Käfer. Dabei reagiert der chemische Stoff Luciferin zusammen mit dem Enzym Luciferase und Sauerstoff. Bei diesem Prozess wird ein schwaches, meist grünliches Licht erzeugt. Zwar werden Leuchtkäfer auch Glühwürmchen genannt; allerdings glühen sie nicht wirklich. Die bei der Reaktion frei werdende Energie wird zu rund 95 Prozent als Licht und kaum als Wärme abgegeben.

Schon gewusst?

Die Larven der Glühwürmchen, die bei uns heimisch sind, fressen vor allem Nackt- und Gehäuseschnecken. Die kleinen Larven töten die viel größeren Schnecken mit einem Giftbiss und fressen sie dann vollständig auf.

Larve

L wie …

Lippenbär

Der Lippenbär unterscheidet sich von anderen Bären durch seine außergewöhnlich langen und sehr beweglichen Lippen. Diese eignen sich hervorragend zum Verspeisen von Termiten und Ameisen. Mit seinen kräftigen Krallen bricht er einen Termitenhügel auf und steckt seine Schnauze hinein. Dann saugt er die Insekten einfach auf – wie ein Staubsauger! Eine praktische Zahnlücke im Oberkiefer sorgt dafür, dass seine Beute direkt in seinem Maul landet. Neben Insekten stehen auch Früchte und Honig auf seinem Speiseplan. Um an die Honignester zu gelangen, klettert der zottelige Einzelgänger geschickt die Bäume hinauf. Auch dabei sind seine Krallen sehr nützlich.

Fellzeichnung

Auf der Brust haben Lippenbären eine weiße Zeichnung.

Lange Schnauze

Der Lippenbär hat eine helle, rüsselartig verlängerte Schnauze und eine lange Unterlippe.

Kletterkünstler

Seine langen, sichelförmigen Krallen sind hilfreich beim Klettern.

Der Lippenbär hat ein zotteliges Fell. Dieses schützt ihn vor der tropischen Hitze.

Schon gewusst?

Berühmtester Vertreter der Lippenbären ist »Balu, der Bär« aus Rudyard Kiplings »Dschungelbuch«. In der indischen Sprache Hindi heißt der Lippenbär übrigens »Bhalu« – daher auch der Name des tapsigen Dschungelhelden.

Steckbrief

Lippenbär

Lebensraum: gemäßigter Wald, Nadelwald, tropischer Wald, Regenwald, Monsunwälder, Grasland

Verbreitung: Südasien

Größe: bis zu zwei Meter

L wie …

Löwe

Nur der Stärkste wird König

Der mächtigste Löwe wird Rudelanführer. Doch diese Position ist heiß umkämpft: Immer wieder machen junge kräftige Löwenmännchen ihm diese Rolle streitig. Meist muss ein Männchen das Rudel nach wenigen Jahren verlassen und ein anderes Männchen wird Anführer.

Nachwuchs

Löwenjungen bleiben etwa zwei Jahre bei der Mutter.

Auf der Jagd

Löwen müssen sich bei der Jagd sehr nah an ihre Beute anschleichen, da diese oft schneller und ausdauernder rennen kann und so dem Jäger entwischen kann.

Träge liegt eine Gruppe von Löwen im Schatten. Sie schlafen und dösen bis zu 20 Stunden am Tag! Zu einem Rudel gehören nur wenige Männchen und bis zu 20 Weibchen mit ihren Jungen. Die Aufgaben sind klar verteilt: Die Männchen sorgen für die Sicherheit und verjagen Eindringlinge aus dem Revier.
Die Weibchen kümmern sich um den Nachwuchs und die Nahrung. Wenn es dunkel wird, gehen die Löwinnen gemeinsam auf die Jagd. Nur selten beteiligt sich ein Männchen daran. Vorsichtig kreisen die Jägerinnen ihre Beute ein, um dann plötzlich anzugreifen. Ist ein Tier erlegt, dürfen zuerst die Anführer fressen, denen der »Löwenanteil« zusteht. Erst dann sind die Weibchen an der Reihe und zum Schluss die Jungtiere.

Steckbrief

Löwe

Lebensraum: Halbwüste, Wüste, Savanne, Grasland

Verbreitung: Afrika, Südasien

Größe: bis zu 2,50 Meter

Schon gewusst?

Die Mähne des Löwenmännchens bildet sich erst aus, wenn dieses etwa fünf Jahre alt ist.

Löwin auf der Jagd

M wie …

Mandarinente

Ursprünglich kommen die Mandarinenten aus Ostasien. Wegen ihres prächtigen Gefieders wurden sie aber als Zierenten nach Europa gebracht. Zur Brutzeit legt das Männchen sein farbenfrohes Prachtkleid an. So geschmückt macht es sich auf die Partnersuche. In seinem unauffälligeren Schlichtkleid dagegen sieht es dem Weibchen ähnlicher, das graubraun gefärbt ist. Man kann sie aber immer noch gut an ihrem Schnabel unterscheiden: Während das Männchen einen roten Schnabel mit weißer Spitze hat, ist der weibliche graubraun gefärbt. Nach der Paarung legt das Weibchen bis zu zwölf Eier. Sind die Küken geschlüpft, zeigt ihre Mutter ihnen die Futterplätze, wo sie Wasserinsekten, Würmer oder Pflanzenteile fressen.

Schon gewusst?

Mandarinenten bauen ihre Nester auf Bäumen, was für Enten ungewöhnlich ist. Die meisten Enten brüten nämlich am Boden.

Nachwuchs

Für das Bebrüten der Eier ist vor allem die Mutter zuständig. Die Jungen können schon wenige Stunden nach dem Schlüpfen schwimmen.

Steckbrief

Mandarinente

Lebensraum: gemäßigter Wald, Feuchtgebiete, Fließgewässer

Verbreitung: Nordwesteuropa, Ostasien

Größe: bis zu 49 Zentimeter

Krallen

Mandarinenten haben scharfe Krallen, mit denen sie sich beim Klettern auf Bäumen gut festhalten können.

M wie ...

Mandrill

Das leuchtend bunte Gesicht und das rot-blau gefärbte Hinterteil des Mandrills machen den großen Affen unverwechselbar. Die geselligen Tiere leben in Horden zusammen, die in der Regel aus 15 bis 20 Tieren bestehen: Weibchen, ihren Jungtieren und einem männlichen Anführer, dem Pascha. Mehrere Horden schließen sich mitunter zu einem größeren Verband zusammen. Auf der Suche nach Futter streifen die Tiere durch ihr Revier. Die Männchen halten sich die meiste Zeit am Boden auf. Leichtere Weibchen und Jungtiere dagegen klettern auch auf Bäume, um Nahrung zu sammeln. Als Allesfresser futtern Mandrille nicht nur Früchte und Samen, sondern auch Pilze, Blätter, Wurzeln, Insekten oder kleinere Tiere wie Frösche oder Echsen.

Je bunter, desto besser

Bei den ranghöchsten Männchen sind die Farben im Gesicht und am Po am intensivsten. Rangniedrigere Männchen haben eine blassere Färbung und bei den Weibchen ist sie nur schwach ausgeprägt.

Der Mandrill wird immer seltener, da sein Lebensraum immer weiter zerstört wird.

Steckbrief

Mandrill

Lebensraum: tropischer Wald, Regenwald

Verbreitung: westliches Zentralafrika

Größe: bis zu 95 Zentimeter

Nachwuchs

Anfangs haben die Jungen ein helles Gesicht, das dann langsam dunkler wird.

Schon gewusst?

Die furchterregenden Zähne entblößt der Mandrill nur, wenn er sich bedroht fühlt. Diese können bis zu 6,5 Zentimeter lang sein!

M wie …

Maulwurf

Der Maulwurf ist ein unermüdlicher Buddler: Ständig gräbt er mit seinen schaufelartigen Vorderpfoten neue Gänge und legt Schlaf-, Nest- und Vorratskammern an. Die überschüssige Erde schiebt er mit Kopf und Rüssel an die Erdoberfläche, wo dann kleine Erdhügel entstehen. Über diese Maulwurfshügel gelangt außerdem frische Luft in das weitverzweigte Röhrensystem. Maulwürfe sind reine Fleischfresser und ernähren sich von Regenwürmern, die sie auch als Wintervorrat in ihren Vorratskammern lagern, sowie von Insekten und Larven. Seine Beute spürt er mit seinem gut ausgebildeten Tast- und Geruchssinn und seinem ausgezeichneten Gehör auf. So kann er auch von Weitem hören, wenn eine Larve in einen seiner Gänge fällt!

Schon gewusst?

Maulwürfe sind oft eher unbeliebt, weil sie im Garten Hügel aufwerfen. Der Maulwurf steht jedoch unter Artenschutz und darf nicht verletzt oder sogar getötet werden. Das verbietet das Gesetz.

Steckbrief

Maulwurf

Lebensraum: gemäßigte Wälder, Grasland

Verbreitung: Europa bis Nordasien

Größe: bis zu 16 Zentimeter

Das Tunnelsystem, das der Maulwurf anlegt, trägt zur Belüftung und zur Auflockerung des Bodens bei.

Unterirdischer Gang

Augen

Maulwürfe sind praktisch blind. Sie müssen aber eigentlich auch nicht viel sehen, da sie die meiste Zeit ihres Lebens unter der Erde verbringen.

Grabschaufel

Mit seinen schaufelartigen Vorderfüßen kann der Maulwurf das bis zu 20-Fache seines Körpergewichts an Erde bewegen.

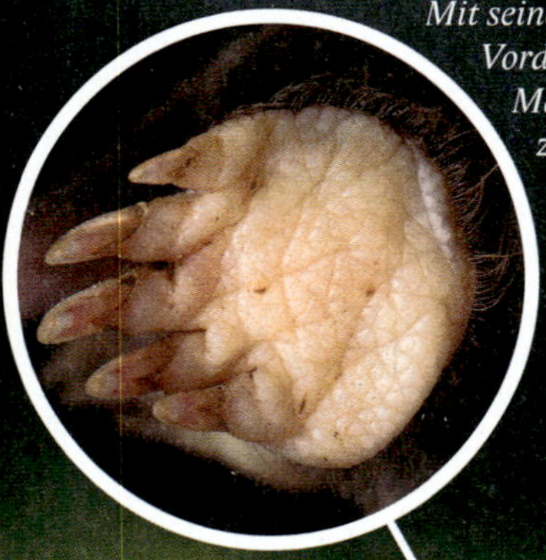

Tastsinn

Die Nasentasthaare des Maulwurfs melden schon leichteste Erschütterungen.

Der Maulwurf ist ein Einzelgänger. Er duldet nur zur Paarungszeit Artgenossen in seiner Nähe.

M wie …

Meerechse

Unglaublich!
Wasserechsen tauchen bis zu einer Stunde im flachen Wasser und bis zu einer Tiefe von 15 Metern und weiden dort die Algen von Steinen ab.

Steckbrief

Meerechse

Lebensraum: Strände, Klippen, Meer

Verbreitung: Galapagosinseln

Größe: bis zu einem Meter

Mit ihrem gezackten Rückenkamm, den gedrungenen Beinen und den dreizackigen Zähnen sieht die Meerechse aus wie ein Urzeittier. Sie ist die einzige Echsenart, die ihre Nahrung im Meer findet. Die erwachsenen Tiere gehen meist bei Flut auf Tauchgang, um unter Wasser die Algen abzuweiden. Dabei finden sie mit ihren kräftigen Krallen Halt an den Felsen. Die Jungtiere machen sich dagegen häufig bei Ebbe auf Futtersuche, um über Wasser fressen zu können. Wie alle Reptilien sind auch Meerechsen wechselwarm und ihre Körpertemperatur ist von ihrer Umgebung abhängig. Nach ihren Ausflügen ins Wasser legen die Tiere sich deshalb auf einen Stein, um sich aufzuwärmen. Die dunkle Haut sorgt dafür, dass dies möglichst schnell geht.

Salzwasser

Das Salz, das durch das Meerwasser aufgenommen wird, scheiden die Meerechsen als feinen Sprühnebel über eine besondere Drüse durch die Nasenöffnungen wieder aus. Dadurch hat sich bei älteren Tieren eine Salzkruste auf dem Kopf gebildet.

Schon gewusst?

Da es nicht viele geeignete Plätze für die Eiablage gibt, streiten sich die Weibchen um die besten Plätze. Dabei kann es auch mal blutig zugehen.

Die Meerechsen kommen ausschließlich auf den Galapagosinseln vor. Je nach Insel unterscheiden sie sich aber deutlich in ihrem Aussehen.

M wie …

Mondfisch

Der wissenschaftliche Name des Mondfisches lautet »Mola mola«, was übersetzt »Mühlstein« bedeutet. Damit passt der Name sowohl zu seiner runden Form als auch zu seinem hohen Gewicht! Statt einer richtigen Schwanzflosse hat er hinten einen wellenförmigen Hautsaum. Der schuppenlose Fisch hält sich gerne nah an der Meeresoberfläche auf und lässt sich manchmal flach auf der Seite liegend vom Wasser treiben – warum er das tut, wissen die Forscher allerdings nicht. Sein kleiner Mund steht meist offen und seine Zähne sind zu einem papageienähnlichen Schnabel zusammengewachsen. Damit kann er Muscheln, Korallen oder Krebstiere knacken. Seine Hauptnahrung besteht aber aus Quallen und anderen gallertigen Tieren.

Bitte lächeln!

Dieser Taucher hat ein besonders prächtiges Exemplar als Fotomotiv vor seiner Kamera. Neben dem Mondfisch wirkt der Taucher winzig.

Rekord

Bis zu **2** Tonnen *schwer wird der Mondfisch. Das ist so viel wie zwei kleine Autos! Damit ist er der schwerste Knochenfisch der Welt.*

Steckbrief

Mondfisch

Lebensraum: Meer

Verbreitung: weltweit in tropischen, subtropischen und gemäßigten Meeren

Größe: bis zu vier Meter

Unglaublich!

Bis zu 300 Millionen Eier laicht das Mondfischweibchen auf einmal ab. Allerdings werden viele der nur knapp drei Millimeter großen Larven von anderen Fischen gefressen.

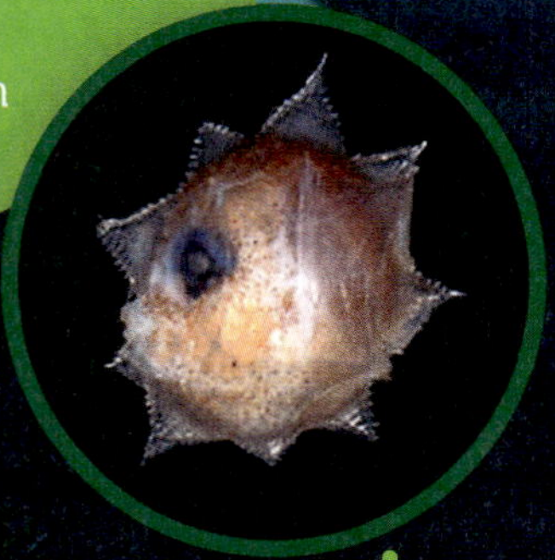

Verirrt

Gelegentlich landet ein kleines Mondfischexemplar auch in der Ostsee. Aufgrund von Nahrungsmangel im Winter hat es dort aber keine Überlebenschancen.

M wie …

Murmeltier

Auch wenn es ihr Name vermuten lässt: Murmeltiere murmeln nicht! Ihr Name kommt vom Althochdeutschen »murmunto«. Das wiederum leitet sich vom lateinischen Begriff »Mus montis« ab, was schlicht »Bergmaus« bedeutet. Unter der Erde graben die Tiere lange, verzweigte Tunnel, die über 70 Meter lang sein können. Der längste bisher gemessene Tunnel war 113 Meter lang! Wenn die Tiere tagsüber ihre Bauten verlassen, halten sie sich am Boden auf und knabbern Gräser, Kräuter, Wurzeln und Blüten. Klettern können sie nicht besonders gut. Um nach Feinden Ausschau zu halten, richten sie sich auf und beobachten aufmerksam die Umgebung. Droht Gefahr, warnen sie ihre Artgenossen mit einem gellenden Pfiff.

Vor Beginn des Winterschlafs sammeln die Murmeltiere trockenes Pflanzenmaterial zum Auspolstern ihrer Nester.

Murmeltiere sind Nagetiere. Die oberen und unteren Schneidezähne wachsen immer weiter. Deshalb müssen sie auch stets viel nagen, damit sich ihre Zähne abnutzen können.

Steckbrief

Murmeltier

Lebensraum: Matten und Almen oberhalb der Baumgrenze

Verbreitung: Eurasien, Nordamerika

Größe: bis zu 60 Zentimeter

Schon gewusst?

Die meisten Murmeltierarten leben in Großfamilien! Eine Gruppe von Alpenmurmeltieren besteht zum Beispiel aus bis zu 20 Tieren und setzt sich aus einem Pärchen samt seinen Nachkommen zusammen.

Unglaublich!

Murmeltiere halten ihren Winterschlaf mehrere Meter unter der Erde in ihrem Winterbau. Meist schläft in einem Bau die ganze Familie!

N wie …

Nasenaffe

Achtung, Krokodile!

Im Wasser müssen sich die Nasenaffen vor den Reptilien in Acht nehmen, auf deren Speiseplan sie stehen.

Bei dieser Affenart haben die Männchen die Nase vorn: zumindest was die Größe des Riechorgans angeht. Denn während die Nasenaffenweibchen eher kleine Stupsnasen haben, besitzen die Männchen imposante, gurkenförmige Zinken. Je größer die Nase des Männchens, desto attraktiver – so vermutet man – erscheint es den Weibchen. Nasenaffen leben in Gruppen und ernähren sich von Früchten, Blättern und Samen. Ihre Wohn- und Schlafbäume stehen nah am Wasser, denn die Regenwaldbewohner sind hervorragende Schwimmer und springen gerne direkt von den Ästen ins erfrischende Nass. Sie können bis zu 20 Meter weit tauchen – damit gelten sie als die besten Schwimmer unter den Affen.

Ein besonders prächtiges Nasenaffenmännchen hält Ausschau.

Weibchen

Baby

Die Nasenaffenjungen haben bei der Geburt ein blaues Gesicht. Erst wenn sie ausgewachsen sind, ist die Gesichtsfarbe rosig.

Steckbrief

Nasenaffe

Lebensraum: tropischer Wald, Regenwald, Mangrovensümpfe

Verbreitung: Südostasien

Größe: bis zu 76 Zentimeter

Uaaaaaarghhh …

Völlig entspannt

Nasenaffen haben zwar nicht viele natürliche Feinde – leider sind sie trotzdem stark gefährdet, da der Mensch ihren Lebensraum immer weiter einschränkt.

Schon gewusst?

Im Magen von Nasenaffen befindet sich ein sogenannter Bezoar. Das ist ein Magenstein, der aus einem Gemisch von verschluckten Haaren, Pflanzenfasern und Speichel besteht. Dieser Stein hilft bei der Verdauung.

N wie …

Neuntöter

Der Neuntöter ist ein Singvogel, der zur Familie der Würger gehört. Mit seinem kräftigen Hakenschnabel fängt er vor allem Insekten, aber auch kleine Vögel oder Mäuse. Meist spießt er seine Beute auf Dornen oder spitzen Ästen auf, um sich einen Vorrat anzulegen oder diese besser bearbeiten zu können. Vor dem Fressen zerlegt er seine Beute. So trennt er Beine und Fühler von Insekten oder den Giftstachel von Bienen ab. Die männlichen Neuntöter erkennt man leicht an der schwarzen Augenbinde sowie dem grauen Kopf und den rostroten Flügeln. Das Weibchen trägt ein unauffälligeres, bräunlichrotes Federkleid. Ihr Nest bauen die Tiere vor allem in dornigen Hecken und Sträuchern etwa ein bis zwei Meter über dem Boden.

Aufgespießt

Auf dem Speiseplan stehen Käfer, Heuschrecken, aber auch junge Feldmäuse und Jungvögel.

Steckbrief

Neuntöter

Lebensraum: Waldlichtungen, Waldränder, Hecken, Feldgehölze

Verbreitung: Mittel- und Südeuropa, Mittelasien

Größe: bis zu 17 Zentimeter

Schon gewusst?

Seinen brutal klingenden Namen erhielt der Neuntöter, weil man früher fälschlicherweise annahm, dass er zunächst neun Beutetiere aufspießen würde, bevor er mit dem Fressen begänne.

Nachwuchs

Viele Küken fallen Fressfeinden zum Opfer, wenn sie den elterlichen Schutz verlassen.

Der Neuntöter ist ein Heckenbrüter und baut sein Nest gerne in Dornenhecken oder Sträuchern.

Der Neuntöter ist ein Zugvogel, der das Winterhalbjahr in Afrika verbringt.

O wie ...

Opossum

Alle wollen mit! Wenn der Nachwuchs größer ist, trägt die Opossummutter ihre Jungen auf dem Rücken.

Opossums bevölkern bereits seit rund 70 Millionen Jahren die Erde. Die Beutelratten gehören damit zu den lebenden Fossilien – das sind Tiere, die sich über erdgeschichtlich lange Zeiträume kaum verändert haben. Den Tag verbringt das Opossum in seinem Versteck; erst nachts kommt es heraus, um auf Nahrungssuche zu gehen. Der Allesfresser ernährt sich von Insekten und anderen kleinen Tieren sowie von Pflanzen, Früchten und Körnern. Er ist ein Einzelgänger und sucht sich nur zur Paarung einen Partner. Nach zwölf bis 14 Tagen bringt das Weibchen seine Jungen zur Welt – das ist die kürzeste Tragzeit aller Säugetiere! Der Nachwuchs verbringt dann allerdings noch zwei bis drei Monate im mütterlichen Beutel.

Schon gewusst?

Das Opossum ist gegen Schlangengift immun! Sowohl gegen das Gift von Schlangen seiner Heimat als auch gegen das Gift anderer Arten. Und auch das Gift von Skorpionen, Giftpflanzen und Bakterien schadet ihm nicht.

Steckbrief

Opossum

Lebensraum: Farmland, Wälder, Flussufer

Verbreitung: Nord-, Mittel-, Südamerika

Größe: bis zu 50 Zentimeter

Krallen

Opossums sind gute Kletterer; die Krallen an ihren Zehen geben ihnen sicheren Halt.

Beutel

Ein Opossum bringt bis zu 20 Jungtiere auf die Welt. Direkt nach der Geburt sind die Jungen nur ein bis zwei Zentimeter groß! Im Beutel trinken sie Milch an den Zitzen der Mutter.

Unglaublich!

Bei Gefahr stellt sich das Opossum einfach tot. Es lässt sich zur Seite fallen, bekommt einen starren Blick oder es schließt die Augen und lässt die Zunge heraushängen.

O wie ...

Orang-Utan

Nahrung

Orang-Utans fressen Früchte, Blätter und Zweige. Sie sind einen Großteil des Tages mit der Nahrungsaufnahme beschäftigt.

Tief in den Regenwäldern von Borneo und Sumatra leben die Orang-Utans. Ihr Name kommt aus dem Malaiischen und bedeutet Waldmensch. Die scheuen Menschenaffen gehören zu den größten auf Bäumen lebenden Säugetieren. Ihr zotteliges Fell ist ein hervorragender Nässeschutz: Der Regen läuft daran ab, sodass die Haut trocken bleibt. Meist streifen die Tiere allein durch den Wald. Eine enge Bindung besteht aber zwischen der Mutter und ihrem Jungtier. In den ersten Monaten klammert es sich an ihren Bauch, wird von ihr getragen, gefüttert und schläft mit ihr in einem Nest. Nach etwa zwei Jahren erlernt es das Klettern, den Nestbau und alles andere, was es zum Überleben braucht. Erst mit rund sieben Jahren sind die Jungen selbstständig!

Steckbrief

Orang-Utan

Lebensraum: tropischer Wald und Regenwald

Verbreitung: Borneo, Sumatra

Größe: bis zu 1,40 Meter

Männchen

Alte männliche Orang-Utans haben dicke Backenwülste, die im Laufe der Jahre immer größer werden.

Weibchen

Weibliche Orang-Utans haben diese Wülste nicht und sehen daher im Gesicht ganz anders aus.

Angeberwissen

Orang-Utans leben die meiste Zeit auf Bäumen. Mit ihren langen Armen und sehr beweglichen Händen und Füßen bewegen sie sich von Ast zu Ast. Nachts bauen sie sich ein stabiles Nest in einer Baumkrone, in dem sie sicher ruhen.

O wie …

Ozelot

Steckbrief

Ozelot

Lebensraum: tropische Wälder, Feuchtgebiete

Verbreitung: südliche USA bis Mittel- und Südamerika

Größe: bis zu 1,50 Meter

Auch der Ozelot leidet unter der Bedrohung seines Lebensraums.

Wie die meisten Raubkatzen, mit Ausnahme des Löwen, ist der Ozelot ein Einzelgänger. Nachts streift er durch sein Revier, um vor allem kleinere Nagetiere sowie Reptilien und Vögel zu jagen. Seltener erbeutet er größere Tiere wie Nasenbären oder Faultiere. Bei seinen Streifzügen legt er in einer Nacht bis zu acht Kilometer zurück. Sein Revier kennzeichnet er mit Urin, Kot und Kratzspuren an Baumstämmen und verteidigt die Grenzen vehement gegen seine Artgenossen. Lediglich zur Paarungszeit kommen Ozelots zusammen. Aufgrund seines außergewöhnlichen Fells wurde der Ozelot lange Zeit massiv gejagt. Heute ist er deshalb streng geschützt.

Schon gewusst?

Der Ozelot ist ein guter Kletterer, der tagsüber auf Bäumen schläft. Nachts jagt er allerding vor allem am Boden.

Nachtaktiver Jäger

Der Ozelot hat ein weiches und sehr auffälliges Fell.

P wie …

Palmendieb

Der Palmendieb ist das größte unter den an Land lebenden Krebstieren – nur seine im Wasser lebenden Verwandten werden noch größer. An seinem vorderen Beinpaar hat er zwei imposante Scheren. Mit denen kann ein ausgewachsenes Tier nicht nur harte Kokosnüsse öffnen, sondern auch schwere Gegenstände heben! Findet er auf dem Boden nicht genügend Nahrung, klettert er flink an den Baumstämmen hoch und frisst die Früchte direkt vom Baum. Der Palmendieb lebt zwar an Land, doch sein Nachwuchs wächst im Wasser heran. Kurz bevor die Larven aus den Eiern schlüpfen, bringt das Weibchen sie zum Meer. Erst wenn sich die Larven nach etwa sieben Wochen in Krebse verwandelt haben, kehren sie an Land zurück.

Es ist bewiesen, dass größere Exemplare tatsächlich eine Kokosnuss knacken können. Seinen Namen trägt er also nicht zu Unrecht.

Schon gewusst?

Der Palmendieb ist auch ein hervorragender Kletterer. Bis zu 20 Meter eine Kokospalme hinaufzusteigen, ist für ihn kein Problem. Dass dabei die ein oder andere Kokosnuss hinabfällt, hat seinen Ruf als Dieb nur noch verstärkt.

Klettermeister

Steckbrief

Palmendieb

Lebensraum: Höhlen und Spalten am Meeresufer

Verbreitung: ozeanische Inseln im Indischen Ozean und im westlichen Pazifik

Größe: bis zu 40 Zentimeter

Scheren

Die Scheren des Palmendiebs dienen auch als Trinkbecher: Zum Trinken taucht er sie ins Wasser und führt sie dann zum Mund.

Kiemen

Palmendiebe haben zwar noch Kiemen, aber die sind zurückgebildet. Die Kiemenhöhlen dienen als Lunge.

Rekord

1 Meter

groß ist die Beinspannweite eines Palmendiebs. Das macht ihn zum größten an Land lebenden Krebs überhaupt!

P wie …

Panzergürtelschweif

Panzergürtelschweife lieben Gesellschaft! Gemeinsam mit bis zu 60 Artgenossen bevölkern sie Spalten und Risse in den Felsen. Wie alle Echsen und Reptilien sind sie wechselwarm. Das bedeutet, dass ihre Körpertemperatur nicht immer gleich bleibt wie bei Säugetieren, sondern von der Umgebungstemperatur abhängt. Deshalb nehmen die Echsen gerne ein Sonnenbad, um sich aufzuwärmen. Ihr gut gepanzerter Körper ist vom Kopf bis zur Schwanzspitze mit spitzen Schuppen bedeckt. Da sich die gepanzerten Echsen nur schwerfällig bewegen, sind sie zu langsam, um vor Fressfeinden zu fliehen. Allerdings haben sie einen starken Kiefer, mit dem sie im Kampf kräftig zubeißen können.

Funny Fact

Der Herr der Ringe

Wenn dem Panzergürtelschweif Gefahr droht, greift er zu einer außergewöhnlichen Verteidigungsmaßnahme: Er beißt in seinen eigenen Schwanz und bildet einen stachligen Ring, um so seine verletzliche Unterseite zu schützen. Hilft das alles nichts, kann er sogar seinen Schwanz abwerfen.

Gefährliche Schuppen
Die Schuppen sind quadratisch, spitz und bestachelt. Der ganze Körper des Panzergürtelschweifs ist mit ihnen bedeckt.

Steckbrief

Panzergürtelschweif

Lebensraum: felsige Gegenden, Halbwüsten, Buschland

Verbreitung: Südafrika

Größe: bis zu 20 Zentimeter

Panzernashorn

Panzernashörner sind Einzelgänger. Zusammen sieht man sie nur während der Paarungszeit oder die Mutter mit ihrem Jungen.

Steckbrief

Panzernashorn

Lebensraum: Savannen, Grasland

Verbreitung: Südasien

Größe: bis zu 3,80 Meter

➔ Schon gewusst?

Das bei Jägern beliebte Horn des Nashorns besteht eigentlich nur aus dem Material Keratin, das auch in Haaren und Nägeln enthalten ist.

Eine bis zu zwei Zentimeter dicke, in Falten liegende Haut bildet den Panzer des Panzernashorns. Es kann über 2 000 Kilogramm auf die Waage bringen. Ein einzelnes Horn schmückt seine Nase. Zur Verteidigung setzt es aber vor allem seine scharfen Schneidezähne ein. So geschützt hat es kaum natürliche Feinde. Das mächtige Tier ernährt sich von Gräsern, Blättern, Wasserpflanzen und anderen Pflanzenteilen. Es muss sehr viel fressen, um den riesigen Körper zu versorgen! Regelmäßig sucht es zum Schwimmen und Suhlen eine Wasserstelle auf, die von mehreren Tieren gemeinsam genutzt wird. Zur Markierung dieser Badeplätze lassen alle ihren Kot an bestimmten Ablageplätzen fallen – mit der Zeit kann so ein ziemlich großer Haufen entstehen!

Panzerung

Die Haut des Panzernashorns hat tiefe Falten. Die dazwischenliegende rosa Haut ist anfällig für Parasiten.

Nasenschmuck

Das Horn kann bis zu 60 Zentimeter lang werden. Die Jungen besitzen anfangs noch keines.

Panzernashörner schwimmen gerne und gut und können sogar tauchen.

P wie …

Papageitaucher

Spitzentaucher

Bis zu 60 Meter tief kann der Papageitaucher tauchen, um Fische zu fangen.

Wenn der Papageitaucher auf Fischfang geht, stürzt er sich kopfüber ins Meer und macht sich tauchend auf die Suche nach Beute. Unter Wasser bewegt er sich mit seinen kurzen Flügeln fort. Meist frisst er seinen Fang sofort. Versorgt er allerdings seinen Nachwuchs mit Futter, sammelt er bis zu zwölf Fische pro Tauchgang ein. Mit seiner Zunge drückt er dann die Beute fest gegen den Oberschnabel, an dem sich hakenähnliche Dornen befinden. So rutscht garantiert kein Fisch heraus, wenn er nach dem nächsten schnappt! Anschließend fliegt er mit den quer im Schnabel hängenden Leckerbissen zu seinem Nest zurück, das in einer unterirdischen Höhle hoch oben in den Klippen liegt.

Nistplatz

Papageitaucher graben bis zu einem Meter tiefe Bruthöhlen. Sie benutzen aber auch alte Kaninchenbauten.

Schon gewusst?

Papageitaucher finden sich am Land zu Gruppen zusammen, im Wasser bilden sie eine große Gemeinschaft, die einem Floß ähnelt.

Funny Fact

Bunter Vogel

Wegen seines lustigen Aussehens wird der Papageitaucher auch »fliegender Clown« genannt.

Steckbrief

Papageitaucher

Lebensraum: Felsküsten, Klippen

Verbreitung: Nordatlantik, Arktisches Meer

Größe: bis zu 30 Zentimeter

P wie …

Papageifisch

Die bunten Papageifische sind wandelbare Korallenriffbewohner. Sie ändern im Laufe ihres Lebens nicht nur das Geschlecht, sondern auch ihre Farbe. So sind die Jungfische anders gefärbt als die Männchen oder Weibchen. Papageifische haben außerdem eine Art Schnabel, dessen Form an den ihres gefiederten Namensgebers erinnert. Mit diesem knabbern sie an den Korallenstöcken, denn sie ernähren sich von Korallenpolypen und Algen. Dabei entsteht ein schabendes Geräusch, das von einem Taucher noch aus mehreren Metern Entfernung gehört werden kann. Mit den Schlundzähnen zermahlen sie die Korallenstücke, bevor sie in den Magen gelangen. Die unverdaulichen Reste scheiden sie als weiße Sandwolke aus.

Papageifische bewahren die Korallenriffe vor zu viel Algenbewuchs. Sind die Fische bedroht, hat das auch Auswirkungen auf die Korallenbänke.

Unglaublich!

Der feine, weiße Sand an den tropischen Stränden der Koralleninseln besteht aus gemahlenen Korallen. Ein Großteil davon ist schon einmal durch den Magen eines Papageifischs gewandert.

Funny Fact

Glitschiger Pyjama

Wenn die Papageifische nachts ruhen, hüllen sie sich in einen röhrenartigen Mantel aus Schleim. Forscher vermuten, dass die Papageifische dadurch von Muränen nicht gerochen werden können.

Der Schnabel des Papageifisches wird aus den zusammengewachsenen Zähnen gebildet.

Steckbrief

Papageifisch

Lebensraum: Korallen- und Felsenriffe

Verbreitung: tropische Meere

Größe: bis zu 1,20 Meter

P wie ...

Pfau

Angeberwissen

Nur die männlichen Tiere haben so prächtige Schwanzfedern. Die Weibchen tragen zwar auch eine Federkrone, sie sind aber wesentlich kleiner und haben ein unauffälligeres grünlich-graues Gefieder.

Pfauenauge

Das Muster auf den prächtigen Schwanzfedern ähnelt einem Auge.

In seiner ursprünglichen Heimat Indien ist der Pfau Nationalvogel und wird sehr geschätzt!

Mit seinen langen Beinen stolziert das Pfauenmännchen über die Wiese. Sein leuchtend blauer Hals, die bis zu 1,50 Meter langen Schwanzfedern und die kleine Federkrone auf dem Kopf geben ihm ein königliches Aussehen. Das gesellige Tier lebt meist in einem kleinen Familienverband, der aus einem Hahn und bis zu fünf Hennen besteht. Trotz seiner Größe und der langen Schwanzschleppe kann der Vogel fliegen – allerdings kommt er weder sehr hoch noch sehr weit. Die Nacht verbringen die Pfauen immer auf demselben Schlafbaum. Droht Gefahr, warnen sich die Tiere mit ihrem lauten Geschrei und verstecken sich.

Späte Schönheit

Erst im Alter von etwa drei Jahren bekommen männliche Pfauen ihr prächtiges Gefieder.

Schon gewusst?

Der männliche Pfau fächert seine Schwanzfedern zu einem großen und farbenprächtigen Rad auf, wenn er einem Weibchen imponieren will. Ansonsten trägt er ihn als Schleppe hinter sich her.

Steckbrief

Pfau

Lebensraum: tropischer Wald, Grasland

Verbreitung: ursprünglich Indien und Sri Lanka, heute auf der ganzen Welt in Zoos und Parks

Größe: bis zu zwei Meter

P wie …

Pfauenspinne

Die Pfauenspinne gehört zu den Springspinnen, die für den Beutefang keine Nester bauen, sondern die Beute im Sprung packen. Die Pfauenspinne hat zwar keine Federn wie ihr geflügelter Namensvetter, eines kann sie aber genauso gut: Rad schlagen – und zwar mit ihren bunten Hautfalten, die ganz unterschiedlich gefärbt sein können. Will das Männchen ein Weibchen beeindrucken, klappt es diese hoch und präsentiert das prächtige Muster, während es mit dem Balztanz beginnt. Allerdings ist das Ganze ein ziemlich gefährliches Unterfangen: Denn mit seinem auffälligen Auftreten macht das Tier nicht nur ein Weibchen auf sich aufmerksam, sondern auch mögliche Fressfeinde.

Gefährliches Weibchen

Für das Männchen sind der Balztanz und die Zeit kurz nach der Paarung gefährlich, denn das Weibchen frisst den Partner gerne mal auf.

Schon gewusst?

Diese Spinnengattung war lange unerforscht. Früher glaubte man, dass Pfauenspinnen mit ihren Fächern sogar fliegen können. Doch das stimmt nicht - sie können nur gut springen.

Steckbrief

Pfauenspinne

Lebensraum: gemäßigte Wälder, Berge

Verbreitung: Australien

Größe: bis zu sechs Millimeter

Namensgeber

Die prächtigen Farben und das Radschlagen ähneln dem Pfau, daher der Name.

Unglaublich!

Um ein Weibchen zu beeindrucken, stellt das Männchen seine bunten Fächer auf. Zusätzlich hebt es zwei Hinterbeine an, wackelt mit ihnen in der Luft und hüpft von rechts nach links und wieder zurück. Dabei sieht es aus, als würde es in der Disco tanzen.

P wie …

Pfeilgiftfrosch

Pfeilgiftfrösche gibt es in vielen Farben, zum Beispiel in Rot, Gelb, Grün oder Blau.

Steckbrief

Pfeilgiftfrosch

Lebensraum: Regenwald

Verbreitung: Süd- und Mittelamerika

Größe: bis zu sechs Zentimeter

Schon gewusst?

Obwohl es weit über 100 verschiedene Pfeilgiftfroscharten gibt, verwendeten die Indianer in Kolumbien und Panama tatsächlich nur das Gift von drei Arten für ihre Blasrohrpfeile. Das Gift der anderen Frösche ist nicht stark genug oder sie sind überhaupt nicht giftig.

Unglaublich!

Der Name sagt alles: Der Schreckliche Pfeilgiftfrosch gilt als eines der giftigsten Tiere und als der giftigste Frosch der Welt. Unglaubliche 20 000 Mäuse könnte man mit der von ihm produzierten Menge an Gift töten!

Ein Pfeilgiftfrosch ist zwar klein, aber keinesfalls wehrlos! Die meist quietschbunten Hüpfer sondern ein Hautsekret ab, das zu den stärksten tierischen Giften der Welt gehört. Damit ein Tier erst gar nicht auf die Idee kommt, sie zu fressen, signalisieren sie mit ihrer auffälligen Färbung: Achtung, giftig! Meist leben Pfeilgiftfrösche auf dem Boden im Laub. Man nennt die Tiere aber auch Baumsteigerfrösche, weil ihr Nachwuchs in den Bäumen heranwächst. Dort oben wachsen Bromelien, in deren trichterförmigen Blättern sich das Wasser sammelt. Dort wachsen die Kaulquappen vieler Arten heran. Bei mancher Art tragen die Männchen auch die frisch geschlüpften Larven auf dem Rücken zur nächsten Wasserstelle.

Giftiges Futter

Baumsteigerfrösche bilden ihr Gift aus den Insekten, die sie fressen. Terrariumtiere, die Futter ohne Giftstoffe fressen, bleiben ungiftig.

Der Blaue Baumsteiger, wie auch viele andere Pfeilgiftfroscharten, ist durch die Abholzung des Regenwaldes bedroht.

P wie …

Pfuhlschnepfe

Spannweite

Die Flügelspannweite einer ausgewachsenen Pfuhlschnepfe kann 60 bis 70 Zentimeter betragen.

Pfuhlschnepfen sind echte Langstreckenflieger. Die aus der Arktis kommenden Vögel legen jedes Jahr viele Tausend Kilometer zurück, um in ihr Winterquartier nach Afrika zu fliegen. Auf ihrem Weg machen sie im Wattenmeer Rast, um sich ein dickes Fettpolster anzufressen. Mit ihrem langen Schnabel pulen sie Würmer, Krabben und andere Leckereien aus dem Wattboden. Schließlich brauchen sie für den bis zu neuntägigen Nonstop-Flug ausreichend Energiereserven! Damit sie trotzdem nicht zu schwer werden, verkleinern sie vor dem Abflug ihren Magen und ihre Leber. Da sie unterwegs weder Nahrung noch Wasser zu sich nehmen, brauchen sie diese Organe nicht. Gefressen wird erst wieder am Ziel!

Rekord

11 570 km

ohne Pause! Das ist der längste jemals bei einem Vogel gemessene Nonstop-Flug. Aufgestellt von einer Pfuhlschnepfe!

Wintergäste

Die skandinavischen Exemplare der Pfuhlschnepfe überwintern an den Küsten Deutschlands und bis nach Spanien hinunter.

Steckbrief

Pfuhlschnepfe

Lebensraum: Heide, Sumpf, Flussmündungen, Watt

Verbreitung: Arktis, Nordeurasien, Skandinavien, Afrika

Größe: bis zu 42 Zentimeter

Picken im Watt

Mit ihren langen, spitzen Schnäbeln picken die Pfuhlschnepfen im Watt und in seichten Gewässern nach Würmern.

Unglaublich!

Als Zugvogel muss auch die Pfuhlschnepfe Fettreserven für ihre lange Reise ins Winterquartier anlegen. Vor dem Aufbruch kann sich das Gewicht des Vogels verdoppeln!

P wie …

Piranha

Lebensraum

Piranhas gelten nicht als bedroht. Aber die Zerstörung des Amazonas-Regenwaldes in Form von verschmutzten Gewässern betrifft auch sie.

Wie die Zähne auf einem Sägeblatt reihen sich die spitzen, bis zu vier Millimeter langen und messerscharfen Zähne im Piranhagebiss aneinander. Damit kann der Raubfisch kraftvoll zubeißen und große Stücke aus seiner Beute reißen! Die Tiere bevorzugen dunkles, trübes Wasser und fühlen sich nur im Schwarm richtig wohl. Mit ihrer feinen Nase können sie schon winzige Mengen Blut im Wasser riechen! Gemeinsam machen sie Jagd auf andere Fischschwärme und Tiere. Häufig fressen sie auch verletzte oder kranke Tiere und sogar Aas steht auf ihrem Speiseplan. Damit übernehmen die als blutrünstig verschrienen Allesfresser im Ökosystem eine wichtige Aufgabe, da sie den Fluss sauber halten und die Ausbreitung von Krankheiten verhindern.

Gerüchteküche

Schon gewusst?

Dass Piranhas Menschen töten oder gar eine Kuh innerhalb von Minuten bis auf die Knochen abnagen, ist Unsinn. Der schlechte Ruf kommt von veralteten, falschen wissenschaftlichen Einschätzungen und natürlich auch von den übertriebenen Darstellungen in Filmen.

Steckbrief

Piranha

Lebensraum: Süßwasserflüsse

Verbreitung: Amazonasgebiet in Südamerika

Größe: bis zu 40 Zentimeter

Verteidigung

Nur vereinzelt greifen Piranhas Menschen an, zum Beispiel wenn die Fische ihr Laichgebiet verteidigen. Grundlos fallen sie jedoch keinen Menschen an!

Unglaublich!

Da die Piranhas, wenn sie in ihren legendären Blutrausch kommen, sich schon mal gegenseitig verletzen, hat die Natur sich etwas einfallen lassen: Die Fische verfügen über eine außergewöhnlich schnelle Wundheilung. Abgebissene Flossenstücke können einfach ersetzt werden und wachsen in Rekordzeit nach!

Leckerbissen

Piranhas sind beliebte Speisefische bei verschiedenen südamerikanischen Ureinwohnern.

P wie …

Plumplori

Steckbrief

Plumplori

Lebensraum: tropischer Wald, Regenwald

Verbreitung: Südostasien

Größe: bis zu 38 Zentimeter

Mit seinen riesigen Kulleraugen und dem samtweichen Fell wirkt der Plumplori wie ein niedliches Kuscheltier. Doch der harmlose Anblick täuscht: Die Bisse der kleinen Halbaffen sind nämlich giftig! Die Baumbewohner wiegen je nach Art zwischen 230 und 650 Gramm und sind damit echte Leichtgewichte. Meist bewegen sie sich langsam und gemächlich fort. Den Tag verschlafen sie zusammengerollt im Schutz der Baumwipfel. Auf Futterjagd im nächtlichen Regenwald schleichen sie sich geschickt an ihre Beute heran, um diese zu fangen. Neben Insekten, Spinnen und Käfern fressen sie kleine Wirbeltiere, aber auch Früchte und Eier.

Plumploris bekommen in der Regel nur ein Junges.

Gefährdet

Plumploris sind gefährdet, da sie wegen ihres niedlichen Aussehens gerne als Haustiere gehalten werden. Dafür sind sie aber völlig ungeeignet. Sie sterben dann oft an Stress und Fehlernährung.

Unglaublich!

Plumploris sind die einzigen giftigen Affen der Welt. In einer Drüse in den Armbeugen wird ein giftiges Sekret produziert. Bei Gefahr benetzen sie ihre Zähne damit, sodass auch ihr Biss giftig wird. Außerdem lecken die Primaten ihr Fell und das ihrer Jungen ab, um so durch eine Giftschicht vor Parasiten und Feinden geschützt zu sein.

P wie ...

Polarfuchs

Der Polarfuchs lebt in der Tundra. Hier ist die Erde das ganze Jahr über gefroren, nur im Sommer taut die Oberfläche etwas auf. Sein wissenschaftlicher Name Vulpes lagopus bedeutet hasenfüßiger Fuchs. Denn wie beim Polarhasen sind auch seine Pfoten mit Pelz besetzt. Das sorgt nicht nur für warme Füße, sondern auch für mehr Trittfestigkeit im Schnee. Für ihren Nachwuchs legen die Tiere einen Bau an. Weil es relativ schwer ist, auf den hart gefrorenen Böden eine geeignete Stelle zum Graben zu finden, werden diese oft über mehrere Generationen bewohnt. Im Frühling kommen dort die winzigen Jungen blind und taub auf die Welt. Doch sie wachsen schnell und nach vier Wochen verlassen sie schon den Bau!

Steckbrief

Polarfuchs

Lebensraum: Tundra

Verbreitung: Arktis

Größe: bis zu einem Meter

Wechselnde »Kleidung«

(1) Mit seinem weißen Fell ist der Polarfuchs in der Arktis perfekt getarnt. (2) Aber was ist, wenn der Sommer kommt? Der Fuchs wechselt einfach seine »Kleidung« und ist auch im Sommer mit einem braunen, fleckigen Fell ideal angepasst.

Unglaublich!

Vergleicht man die Ohren des Polarfuchses mit denen des Wüstenfuchses, so fällt einem sofort die unterschiedliche Größe auf. Das liegt daran, dass über die stark durchbluteten Ohren sehr viel Energie abgegeben wird. Beide Füchse nutzen ihre Lauscher also als Klimaanlage!

P wie …

Portugiesische Galeere

Die Portugiesische Galeere hat eine Gasblase, die wie ein Segel funktioniert. Deshalb ist sie auch nach einem mittelalterlichen Hochseeschiff benannt. Mit diesem Segel lässt sie sich vom Wind über die Wasseroberfläche treiben. Dabei zieht sie ihre bis zu 50 Meter langen Fangfäden hinter sich her, um Fische zu fangen. Auf einem einzigen Zentimeter dieser Fangarme liegen bis zu 1 000 Nesselzellen. Mit dem darin enthaltenen Gift tötet sie ihre Beute. Durch das Zusammenziehen der Fangfäden transportiert sie dann ihren Fang zu den Fresspolypen, die die Nahrung verdauen und an die anderen Polypen der Kolonie verteilen. Trotz des starken Gifts hat sie auch Feinde: So wird sie vom Mondfisch oder der Unechten Karettschildkröte gefressen.

Steckbrief

Portugiesische Galeere

Lebensraum: Meer

Verbreitung: alle Weltmeere in den wärmeren Gebieten

Größe: mit Tentakeln bis zu 50 Meter

Immer dem Wind nach

Der Kamm auf der Gasblase funktioniert wie ein Segel. Die gesamte Schwimmblase wird nur von einem einzigen Polypen gebildet.

Das Gift in den Nesselkapseln kann beim Menschen zu extrem schmerzhaften Verletzungen führen.

Schon gewusst?

Die Portugiesische Galeere sieht zwar aus wie ein Lebewesen, in Wirklichkeit besteht sie aber aus vielen voneinander abhängigen Nesseltieren. Diese Nesseltiere, auch Polypen genannt, haben sich im Laufe der Evolution aufeinander abgestimmt und bilden zusammen einen Organismus.

Q wie … Quastenflosser

Der Quastenflosser schwamm bereits vor über 400 Millionen Jahren durchs Wasser. Doch als 1938 per Zufall das erste Exemplar aus dem Meer gefischt wurde, war das eine Sensation, denn der Fisch galt als längst ausgestorben! Das lebende Fossil versteckt sich tagsüber in Höhlen und kommt erst im Dunkeln heraus. Bei der Futterjagd hat es eine ungewöhnliche Technik: Der behäbige Fisch paddelt einfach langsam geradeaus, bis ihm etwas genau vors Maul schwimmt. Was rechts und links von ihm los ist, interessiert ihn nicht. Diese Jagdmethode ist sehr energiesparend, weshalb er nur wenig fressen muss. Bis heute wurde übrigens erst ein Jungtier entdeckt. Wo der Nachwuchs lebt, ist den Forschern ein Rätsel.

Urururopa? Bis zu seiner überraschenden Entdeckung im Jahre 1938 konnte man den Quastenflosser nur anhand von versteinerten Abdrücken untersuchen. Bei diesem Fossil ist vor allem der große Kopf mit den Augen und dem geöffneten Maul gut zu erkennen.

Dies ist nicht das Foto eines echten Quastenflossers, sondern eine Computeranimation. Denn es ist sehr schwierig, die Fische vor die Linse zu bekommen.

Schon gewusst?

Der Quastenflosser kann durch die besondere Anatomie seiner Flossen im Kreuzgang schwimmen. Dabei wird die linke Hinterflosse zusammen mit der rechten Vorderflosse bewegt – und die rechte hintere immer mit der linken vorderen. Diese Gangart war bisher nur von Landlebewesen wie Pferden oder Salamandern bekannt.

Steckbrief

Quastenflosser

Lebensraum: in tieferen Küstenregionen

Verbreitung: Indischer Ozean

Größe: bis zu zwei Meter

Funny Fact

Keine helle Leuchte

Obwohl der Quastenflosser zwei Meter lang und 100 Kilogramm schwer werden kann, ist sein Gehirn im Verhältnis dazu winzig.

R wie …

Riesenmanta

Steckbrief

Riesenmanta

Lebensraum: Meer

Verbreitung: tropische und manchmal warme, gemäßigte Meere weltweit

Größe: bis zu acht Meter

Rekord

Bis zu **7 Meter**

Spannweite kann ein Riesenmanta erreichen. Damit ist er der größte Rochen der Welt.

Die eleganten Riesenmantas scheinen durch das Wasser zu fliegen, denn die kräftigen Bewegungen ihrer Brustflossen gleichen den Flügelschlägen eines großen Vogels. Sie sind wendige und ausdauernde Schwimmer, die auch schon einmal Purzelbäume schlagen oder zu hohen Luftsprüngen ansetzen – warum sie das tun, wissen die Forscher allerdings nicht genau. Beim Schwimmen filtern sie kleine Lebewesen und Plankton aus dem Wasser, von denen sie sich ernähren. Am Kopf haben die Tiere zwei Flossen, die an Hörner erinnern und denen sie ihren anderen Namen verdanken: Teufelsrochen. Mit diesen lenken sie planktonreiches Wasser zum Mund. Die Weibchen bringen etwa alle zwei bis drei Jahre ein Junges zur Welt.

Völlig harmlos

Der Schein trügt: Die gigantischen Meeresbewohner sind friedliche Einzelgänger, die, anders als andere Rochen, auch keinen Giftstachel haben.

Mitfahrgelegenheit

Ein Manta mit Schiffshalterfischen. Diese lassen sich vom Manta transportieren und genießen den Schutz des großen Fisches.

R wie …

Riesentukan

Der Riesentukan wohnt die meiste Zeit in Bäumen. Er lebt in lockeren Familienverbänden mit selten mehr als zwölf Tukanen zusammen.

Steckbrief

Riesentukan

Lebensraum: tropischer Wald, Regenwald

Verbreitung: nordöstliches bis zentrales Südamerika

Größe: bis zu 60 Zentimeter

Der Riesentukan pflückt sich seine Nahrung in den Bäumen, sammelt aber auch herabgefallene Früchte vom Boden auf.

In fröhlichem Rot-Orange leuchtet der gewaltige Schnabel des Riesentukans. Rund 20 Zentimeter kann er lang werden! Zwar sieht der Schnabel sehr schwer aus, doch das täuscht: Aufgrund seiner Leichtbauweise aus einem Geflecht von Knochenfasern wiegt er extrem wenig und ist gleichzeitig sehr stabil. Der Riesentukan ist die größte Tukanart und kommt meist an Waldrändern und sogar in Obstgärten oder Plantagen vor. Seine Nahrung besteht vor allem aus Früchten wie Guaven, Paprika oder Orangen. Kleinere Früchte frisst er auf einmal, größere pflückt und zerquetscht er mit seinem riesigen Schnabel, um anschließend den Saft zu trinken.

Schon gewusst?

Unter der Oberfläche des Schnabels befinden sich viele kleine Äderchen. Über sie gibt der Vogel Wärme ab und kann so seine Körpertemperatur regeln.

Nicht verschlucken!

Nach dem Zupacken wird die Nahrung durch schnelles Zurückwerfen des Kopfes den langen Schnabel hinab transportiert.

Funny Fact

Schnarchnase

Der Ruf des Riesentukans hört sich wie ein lautes und tiefes Schnarchen an.

R wie …

Ritteranolis

Der grüne Ritteranolis lebt in den Kronen von Palmen und anderen Laubbäumen. Nur selten hält er sich auf dem Boden auf. Das Weibchen kommt meist nur dorthin, um seine Eier zu vergraben, aus denen dann nach rund 70 Tagen die Jungtiere schlüpfen. Wie alle Anolisarten hat auch der Ritteranolis eine Art Haftsohle unter den Füßen, mit der er auch auf glatten Oberflächen Halt findet. Die große Echse ist in Sachen Nahrung nicht wählerisch und frisst fast alles, was ihr vor das Maul kommt: Neben Früchten futtert sie auch Spinnen, Insekten, Frösche und andere kleine Tiere. Da sie ihr Revier gegen Eindringlinge verteidigen, kommt es immer wieder zu Kämpfen zwischen den Männchen.

1

Männchen

Der Kopf des Männchens ist etwas größer und farbiger als der des Weibchens.

2

Kehlfahne

(1) Männchen und Weibchen sind nur schwierig voneinander zu unterscheiden. (2) Bläst aber das Männchen seine Kehlfahne auf, um das Weibchen zu beeindrucken, wird der Unterschied gut sichtbar.

Weibchen

Haftfüße

Glatt? Kein Problem für den Ritteranolis! Das verdankt er den Haftsohlen an seinen Füßen.

Steckbrief

Ritteranolis

Lebensraum: Wälder, Savannen

Verbreitung: Kuba, Florida

Größe: bis zu 55 Zentimeter

Schon gewusst?

Gut gerüstete Echse? Weil die Haut zwischen seinen Schuppen weiß durchschimmert, sieht die Oberfläche des Ritteranolis einem Kettenhemd ähnlich, wie man es etwa aus dem Mittelalter kennt.

Der Ritteranolis ist eine tagaktive Echse. Oft harrt sie stundenlang bewegungslos aus.

R wie ...

Rotaugenfrosch

Ist er wach, so ist der Rotaugenfrosch ein farbenfroher Hüpfer. Wenn er sich aber zum Schlafen an die Unterseite eines großen Blattes hoch oben in den Bäumen heftet, ist von der Farbenpracht nichts mehr zu sehen. Mit geschlossenen Augen und eingezogenen Gliedmaßen ist er unauffällig grün und gut getarnt. Erst nachts wird er munter und geht auf Insektenjagd. Mit seinen beweglichen Zehen kann er sich beim Klettern prima an Ästen und Zweigen festhalten. Seine auffällige Färbung signalisiert anderen Tieren: Vorsicht, ich bin giftig! Allerdings lassen sich nicht alle Fressfeinde davon abschrecken. Einigen Vögeln, Fledermäusen und Schlangen macht sein Gift nichts aus und sie verspeisen den Frosch trotzdem.

Die Haut des Rotaugenfroschs ist giftig. Dem Menschen macht dieses Gift allerdings nichts aus.

Unglaublich!

Der Laich des Rotaugenfroschs kann erkennen, wenn Gefahr droht! Nähert sich zum Beispiel eine Schlange, schlüpfen die Larven vorzeitig. Sie sprengen die sie umgebende Gallerthülle und flüchten ins Wasser! Die Schlange hat das Nachsehen.

Fleischfresser

Der Rotaugenfrosch ernährt sich hauptsächlich von Insekten. Auf seinem Speiseplan stehen zum Beispiel Fliegen, Motten und Grashüpfer. Freiwillig verirren die sich jedoch nicht in sein Maul.

Steckbrief

Rotaugenfrosch

Lebensraum: tropischer Wald, Regenwald

Verbreitung: Südmexiko bis Mittelamerika

Größe: bis zu sieben Zentimeter

R wie …

Rotes Riesenkänguru

Schützender Beutel

Das Junge bleibt etwa 190 Tage im Beutel der Mutter, bevor es erste Ausflüge unternimmt.

Baby im Beutel

Kängurus gibt es nur in Australien. Hier leben allerdings gleich rund 65 verschiedene Arten! Das Rote Riesenkänguru ist das größte von ihnen. Wie alle Kängurus sind sie Pflanzenfresser und ernähren sich von Gras. Wenn sie es nicht eilig haben, stützen sie sich auf Vorderbeine und Schwanz und schwingen dann die Hinterbeine nach vorne. Soll es jedoch schnell gehen, hüpfen sie nur auf ihren Hinterbeinen. Ihre Sprungkraft verdanken sie besonderen Bändern in den Beinen: Wie eine Bogensehne spannen diese sich, wenn das Känguru aufsetzt. Beim nächsten Hüpfer entspannen sich die Bänder wieder und lassen das Känguru wie einen Pfeil nach vorne schnellen – so kommt es schnell und energiesparend voran!

Spiel oder Ernst? Ein erwachsenes Riesenkänguru hat nur wenige Feinde. Wird es doch einmal angegriffen, teilt es mit seinen starken Hinterbeinen mächtige Tritte aus.

Schon gewusst?

Der Schwanz ist für das Känguru ziemlich wichtig. Er hält das Tier im Gleichgewicht und kann wie ein drittes Bein benutzt werden.

Steckbrief

Rotes Riesenkänguru

Lebensraum: gemäßigter Wald, Wüste, Halbwüste, offene Savanne

Verbreitung: Australien

Größe: bis zu 1,60 Meter

Unglaublich!

Wenn das Rote Riesenkänguru auf der Flucht ist, kann es schon mal bis zu 13 Meter weit springen.

Familienausflug: Das Rote Riesenkänguru lebt in kleinen Gruppen zusammen. Wohin die Reise hier wohl geht?

S wie ...

Sägerochen

Mit seinem kantigen, abgeflachten Kopf und dem kräftigen Körper sieht der Sägerochen einem Hai ähnlicher als seinen platten Rochenverwandten. Der imposante Fisch bewohnt meist Gewässer in der Nähe der Küste. Sein lang gezogener, flacher Oberkiefer ist an den Seiten mit Zähnen versehen, sodass er wie eine Säge aussieht. Damit stochert er im Meeresgrund, um kleinere Fische und andere Bodenbewohner aufzustöbern. Bei der Jagd wird die Säge außerdem zu einer gefährlichen Waffe: Der Räuber schwimmt dann direkt in einen Fischschwarm hinein und schlägt die Säge wie ein Schwert hin und her. Dabei entwickelt er eine solche Kraft, dass die Fische oftmals zerteilt werden.

Urzeitlicher Jäger

Ein Vorfahre des Sägerochens, gefunden im Libanon. Die Säge ist bei diesem Fossil gut zu erkennen.

Schon gewusst?

Der Rochen benutzt sein Schwert nicht nur zum Töten. Es ist mit Tausenden von Elektrorezeptoren ausgestattet, mit denen der Räuber seine Beute aufspüren kann.

Nachwuchs

Sägerochenweibchen können sich auch ohne Partner fortpflanzen. Die Jungen wachsen dann aus unbefruchteten Eizellen heran.

Steckbrief

Sägerochen

Lebensraum: küstennahe Gewässer und Flussmündungen

Verbreitung: in den tropischen und warmen Regionen der Weltmeere

Größe: bis zu acht Meter

Beeindruckender Zeitgenosse

Dieser prächtige Sägerochen ist im Vergleich zu den Fischen riesig.

S wie ...

Sandtigerhai

Steckbrief

Sandtigerhai

Lebensraum: küstennahe, flache Gewässer und Korallenriffe

Verbreitung: tropische und subtropische Gewässer

Größe: bis zu 3,20 Meter

Spitze Waffe

Der Sandtigerhai hat lange, messerscharfe Zähne, die auch bei geschlossenem Maul sichtbar sind.

Unglaublich!

Sandtigerhaie sind vor der Geburt Kannibalen! Im Mutterleib fressen sich die Geschwister gegenseitig auf und nur die zwei stärksten Jungen überleben.

Tagsüber halten sich die mittelgroßen Haie meist in Höhlen auf. Nachts gehen sie dann auf Fischfang.

Wie alle Haie gehört auch der Sandtigerhai zu den Knorpelfischen. Anders als die Knochenfische haben diese keine Schwimmblase, die sie im Wasser auf einer Stelle bewegungslos schweben lässt. Sie sinken auf den Meeresgrund, wenn sie mit dem Schwimmen aufhören. Der Sandtigerhai wendet allerdings einen Trick an, der in der Haiwelt einzigartig ist: Er schwimmt hin und wieder an die Wasseroberfläche und schluckt Luft, die er bis zur nächsten Mahlzeit im Magen behält. Die Luft wirkt nun wie eine Art Schwimmblase. Dadurch kann er wie ein Knochenfisch bewegungslos im Wasser schweben und muss sich – im Gegensatz zu anderen Haien – nicht ständig bewegen.

Schon gewusst?

Sandtigerhaie gehen meist allein auf die Jagd. Mitunter schließen sie sich aber auch mit anderen Exemplaren zusammen: Dann umzingeln sie einen Fischschwarm und fallen gemeinsam über ihre Beute her.

S wie …

Schabrackentapir

Kleine Tarnkünstler

Die jungen Schabrackentapire sehen aus wie Frischlinge, also wie junge Wildschweine. Durch diese Färbung können sie sich gut im Laub tarnen. Erst mit sechs Monaten haben sie dann die typische schwarz-weiße Färbung.

Der Schabrackentapir lebt in südostasiatischen Sumpfwäldern. Hier legt das scheue Tier im Dickicht zum Teil tunnelähnliche Wege an, auf denen es sich bewegt. Das schwarz-weiße Fell bietet im Licht- und Schattenspiel der dichten Wälder eine gute Tarnung, da es seine Umrisse verschwimmen lässt. Mit seinem Rüssel kann es gut riechen und seine pflanzliche Nahrung aufspüren. Außerdem dient er als Greiforgan. Der Einzelgänger meidet die Gesellschaft anderer Tiere und auch bei der Partnerwahl ist er wählerisch. Nach der Paarung kommt nach 13 Monaten der Nachwuchs zur Welt. Rund zehn Monate säugt die Mutter ihr Junges. Dabei lernt es nach und nach von ihr, wie es selbst Nahrung findet.

Schon gewusst?

Den Namen hat der Schabrackentapir daher, weil der weiße Fleck auf seinem Rücken aussieht, als hätte man ihm eine Decke oder einen Sattel übergeworfen. Schabracke ist nämlich auch ein Wort für eine spezielle Satteldecke.

Steckbrief

Schabrackentapir

Lebensraum: tropischer Wald, Regenwald

Verbreitung: Südostasien

Größe: bis zu 2,50 Meter

S wie …

Scharlachsichler

Der Scharlachsichler wird auch Roter Ibis genannt. Er fühlt sich vor allem in dichten Mangrovenwäldern und Süßwassersümpfen wohl. Mit seinem langen, gebogenen Schnabel stochert er im weichen Schlamm nach Krabben, Weichtieren, Insekten und Würmern. Scharlachsichler mögen es gesellig. Zu einer Kolonie können bis zu 2 000 Artgenossen gehören! Die Nester der Scharlachsichler bestehen häufig nur aus locker zusammengesteckten Ästen und werden in den Kronen der Bäume oder in Büschen errichtet. Um den Nachwuchs kümmern sich sowohl die Männchen als auch die Weibchen. Die jungen Scharlachsichler haben zunächst ein graubraunes Gefieder und bekommen erst nach zwei bis drei Jahren ihre typische leuchtend rote Farbe.

Angeberwissen

Den roten Farbstoff, der für sein prächtiges Gefieder verantwortlich ist, bildet der Scharlachsichler nicht selbst. Die in seiner Beute enthaltenen Karotinoide verhelfen ihm erst zu seinen roten Federn. Fehlt dieser Farbstoff, verblasst auch sein Gefieder.

Flügel

Die Flügel des Scharlachsichlers können eine Spannweite von fast einem Meter erreichen.

Schnabel

Unter der Hornschicht seines Schnabels befinden sich Tastsinneszellen, mit denen er seine Beute aufspürt.

Hühnerei

Scharlachsichlerei

(1) Nach dem Schlüpfen haben die jungen Scharlachsichler ein schwarzes Daunenkleid. (2) Im ersten Lebensjahr erfolgt schrittweise ein Gefiederwechsel, (3) bis sich dann ab dem zweiten Lebensjahr das typische, leuchtend rote Gefieder entwickelt hat.

Steckbrief

Scharlachsichler

Lebensraum: Feuchtgebiete, Fließgewässer, Sümpfe, Küstenregionen, Parks, Gärten

Verbreitung: südliches Mittelamerika, nördliches und östliches Südamerika

Größe: bis zu 68 Zentimeter

S wie …

Schimpanse

Unglaublich!

Bis zu 98 Prozent des Erbguts zwischen Mensch und Schimpanse sind identisch. Genetische Unterschiede zwischen uns und unseren nächsten Verwandten sind also kaum vorhanden!

Um miteinander zu kommunizieren, benutzen Schimpansen eine Vielzahl von Gesten und Geräuschen. Worum es hierbei wohl gerade geht?

Steckbrief

Schimpanse

Lebensraum: Regenwald, Savanne

Verbreitung: West-, Zentral- und Ostafrika

Größe: bis zu 90 Zentimeter

Die Gemeinen Schimpansen sind sehr kluge Tiere: So verwenden sie Werkzeuge, kommunizieren untereinander mit Tönen, Gesten und Gesichtsausdrücken, haben ein gutes Gedächtnis und geben ihr Wissen an ihre Kinder weiter – wie wir Menschen! Unsere nächsten Verwandten leben meist in einer Gruppe zusammen, zu der bis zu 80 Tiere gehören und die sich in kleinere Untergruppen aufteilt. Die Chefs sind starke und erfahrene Männchen. Die Tiere gehen gemeinsam auf die Jagd nach kleineren Säugetieren oder helfen sich gegenseitig bei der Körperpflege. Allerdings verhalten sie sich oft aggressiv gegenüber fremden Schimpansen. So kommt es vor, dass sie auf Kriegspfad gehen und andere Schimpansen verfolgen und sogar ernsthaft verletzen.

Schon gewusst?

Äußerst vielseitige Handwerker sind die Menschenaffen übrigens auch. Fast 20 verschiedene Werkzeuge benutzen Schimpansen.

Starker Zusammenhalt

Schimpansen sind sehr gesellige und soziale Tiere.

Die Hauptnahrung der Gemeinen Schimpansen besteht aus Früchten und Pflanzen, aber sie fressen auch Insekten und kleinere Säugetiere.

S wie ...

Schlammspringer

Der Schlammspringer ist ganz klar ein Fisch – auch wenn er eher einem Frosch ähnelt und gerne an Land kommt. Im Wasser muss der Kiemenatmer regelmäßig Sauerstoff tanken, um sein Atemwasser anzureichern – ansonsten erstickt er. Der amphibisch lebende Fisch geht bei Ebbe im Schlamm auf Futterjagd. Seine Kiemen verschließt er dann. Damit sie nicht austrocknen, benetzt er sie mit Wasser, das er in speziellen Kammern hinter den Kiemen aufbewahrt. Beim Fressen verschluckt er diesen Vorrat allerdings, sodass er dann ins Nasse zurückkehren muss. An Land bewegt sich das Tier hüpfend fort, indem es sich mit den ärmchenähnlichen Brustflossen und dem Schwanz abstößt. Und manchmal klettert es sogar Bäume hoch!

Landgänger

Der Schlammspringer geht bei Ebbe an Land und kann sogar auf Bäume klettern.

Unglaublich!

Jedes seiner leicht heraussstehenden Augen kann sich einzeln bewegen. Damit hat der Fisch einen ausgezeichneten Rundumblick! Außerdem kann er damit über die Wasseroberfläche schauen, während sein Körper unter Wasser ist.

Steckbrief

Schlammspringer

Lebensraum: Sümpfe, Küstenregionen, Meer

Verbreitung: Ostatlantik

Größe: bis zu 25 Zentimeter

Um an Land schneller vorwärtszukommen, stößt der Schlammspringer sich mit seinem Schwanz ab, sodass er kleine Hüpfer macht.

Schon gewusst?

Die Höhle des Schlammspringers befindet sich unter Wasser. Damit er jedoch nicht ertrinkt, transportiert er in seinem Maul Luftblasen zu seiner Höhlendecke, um zu Hause genug Luft zum Atmen zu haben.

Schlammspringer im japanischen Ariake-See. Mit den sichtbaren Rückenflossen ist die Zugehörigkeit der Schlammspringer zu den Fischen nicht zu leugnen.

S wie …

Schleiereule

Steckbrief

Schleiereule

Lebensraum: Felder, Waldränder, freie Fluren

Verbreitung: beinahe weltweit, bis auf Polar-, Wüsten- und Tropenregionen

Größe: bis zu 35 Zentimeter

Flügel

Sie sind besonders luftdurchlässig und haben kleine Fransen an den Enden.

Funny Fact

Wie herzig!

Die Schleiereule trägt einen herzförmigen Schleier im Gesicht. Der sieht nicht nur schön aus, sondern erhöht das Hörvermögen der Eule, indem die steifen Federn am Rand den Schall verstärken.

Mahlzeit

Die Eule verschluckt ihre Beute im Ganzen. Unverdauliche Teile werden als Gewölle wieder ausgewürgt.

In der Dunkelheit macht sich die Schleiereule auf die Jagd nach Mäusen, Fröschen, größeren Insekten und anderen kleinen Tieren. Dabei gleitet sie oft nur wenige Meter über dem Boden. Trotzdem können ihre Beutetiere ihr Kommen nicht hören, denn aufgrund des speziellen Aufbaus ihrer Flügel gleitet sie wie alle Eulen lautlos durch die Luft. Den Tag verbringt sie meist ruhend in ihrem Versteck. Die Schleiereule lebt häufig in direkter Nachbarschaft des Menschen. So brütet sie ihre Eier gerne in Kirchtürmen, Scheunen oder alten Gebäuden aus. Ihr schrilles Kreischen ist häufig in der Dämmerung zu hören und kann wie eine knarrende Scheunentür klingen.

Angeberwissen

- Die Ohren der Eule sitzen nicht parallel, sondern leicht versetzt am Kopf des Vogels. So kann die Eule die Entfernung zu einer Geräuschquelle, wie etwa einer Maus, schneller ausmachen.
- Das Gehör der Schleiereule ist so fein, dass sie selbst leiseste Geräusche noch wahrnehmen kann. Bis zu zehnmal besser als der Mensch kann die Schleiereule hören!

Das Weibchen legt vier bis sieben Eier. Nach drei Wochen haben die Jungen ein Daunengefieder, das sie warm hält.

S wie …

Schmuckbaumnatter

Die grün-braune Schmuckbaumnatter schlängelt sich nicht nur von Ast zu Ast – sie kann auch durch die Luft gleiten! Deshalb nennt man sie auch »fliegende Schlange«. Im Flug macht sie sich ganz flach, indem sie ihre Rippen abspreizt. Außerdem formt sie ihren Körper zu einem S und vollführt schlängelnde Bewegungen. Diese ermöglichen der Schlange auch, die Richtung zu ändern und sogar Kurven zu fliegen – eine unter Tieren einzigartige Flugtechnik! Die zierliche Schlange gehört zu den Giftschlangen, ihre Giftzähne befinden sich hinten im Maul. Beim Verschlingen ihrer Beute injiziert sie damit ihr Gift, das nicht nur dazu beiträgt, das Beutetier zu töten, sondern auch beim Verdauen hilft.

Unglaublich!

Die »fliegende Schlange« kann bis zu 30 Meter weit durch die Luft segeln – und zwar ohne Hilfsmittel! Mit ihrer spektakulären Flugtechnik kommt sie ungefähr so weit wie ein Flughörnchen, das für seinen Gleitflug spezielle Flughäute aufspannt.

Nahrung

Zur Beute der Schmuckbaumnatter gehören zum Beispiel Echsen, kleine Vögel und Nagetiere. Wie alle Schlangen hat sie einen dehnbaren Unterkiefer, sodass sie auch größere Tiere verschlingen kann.

Klettern

Mithilfe scharfer Kiele auf ihren Bauchschuppen findet die Schlange Halt beim Klettern auf Bäume.

Steckbrief

Schmuckbaumnatter

Lebensraum: Regenwälder und tropische Trockenwälder

Verbreitung: Südostasien

Größe: bis zu einem Meter

Ich kann ohne Flügel fliegen!

S wie ...

Schnabeltier

Schon gewusst?

Das Schnabeltier ist eines der wenigen giftigen Säugetiere. Die Männchen haben nämlich an ihren Hinterbeinen eine hohle Kralle, in der eine Giftdrüse ist. Das Gift löst starke Schmerzen aus, ein Gegenmittel ist bisher nicht bekannt.

Auf den ersten Blick erinnert das Schnabeltier an einen Biber mit Entenschnabel. Das seltsame Tier ist nachtaktiv und hält sich am liebsten im Wasser auf. Wenn es zur Beutejagd abtaucht, verschließt es Nase, Augen und Ohren und verlässt sich ganz auf seinen Schnabel: Damit sucht es am Grund des Gewässers nach Krabben, Larven oder Würmern. An seinem Schnabel befinden sich über 40 000 Sensoren, mit denen es feinste Wellenbewegungen und schwache elektrische Felder aufspürt. Diese entstehen etwa, wenn es ein Tier aufschreckt und dieses bei der Flucht seine Muskeln bewegt. War die Jagd erfolgreich, steckt das Schnabeltier seine Beute in die Backentaschen und schwimmt zurück an die Oberfläche.

Das Schnabeltier ist ein Säugetier, auch wenn es Eier legt.

Steckbrief

Schnabeltier

Lebensraum: Flüsse und Seen

Verbreitung: Australien und Tasmanien

Größe: bis zu 60 Zentimeter

An seinen Pfoten hat das Schnabeltier Schwimmhäute, sodass es gut durch das Wasser paddeln kann. An Land zieht es die Schwimmhäute zurück und setzt seine Krallen zum Graben ein.

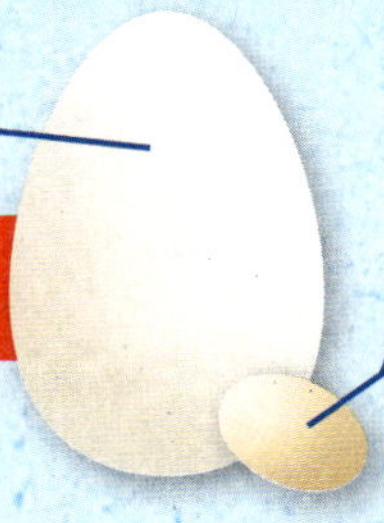

Funny Fact

Der Wolpertinger lebt!

Das Schnabeltier legt Eier – wie ein Vogel oder Reptil! Aber es säugt auch seine Jungen wie ein Säugetier. Das einzigartige Urzeittierchen ist damit ein wichtiges Bindeglied zu unseren frühesten Vorfahren, den Reptilien.

S wie …

Schnee-Eule

Bewegungslos sitzt die Schnee-Eule auf einer Anhöhe und hält Ausschau: Sie ist auf Beutejagd! Ausdauernd kann sie so verharren, denn ihr langes, dichtes Gefieder schützt sie vor der Kälte - selbst ihr Schnabel und die Zehen sind mit Federn bedeckt. Hat sie ein Opfer erspäht, gleitet sie lautlos durch die Luft und greift es mit ihren Krallen. Entwischt das Tier, läuft der weiße Vogel ihm flügelschlagend nach. Anders als die meisten ihrer Verwandten ist die Schnee-Eule nicht nur nachts, sondern auch tagsüber aktiv. Zu ihren Beutetieren zählen kleinere Säugetiere, Vögel und vor allem Lemminge – von denen kann sie bis zu fünf Stück am Tag verputzen.

Die Schnee-Eule kann ihren runden Kopf um 270 Grad drehen und hat so einen guten Rundumblick.

Die Augen der Schnee-Eule sind groß, leicht oval und goldgelb gefärbt.

Die Füße und Zehen sind warm eingepackt; gleichzeitig wirken die Federn wie Schneeschuhe, sodass die Eule nicht im Schnee einsinkt.

Steckbrief

Schnee-Eule

Lebensraum: Tundra

Verbreitung: Nordeuropa, Nordasien, Kanada, Alaska

Größe: bis zu 70 Zentimeter

Schon gewusst?

Männchen oder Weibchen? Das erkennt man bei der Schnee-Eule am Gefieder: Während die Männchen bis zum Erwachsenenalter immer weißer werden, haben die Weibchen viele braune Linien im hellen Gefieder.

Unglaublich!

Die Schnee-Eule ist mit ihren Federschichten sehr gut gegen die Kälte isoliert. Kein Wunder, dass kein anderer Vogel tiefere Temperaturen aushalten kann. Bis zu minus 56 Grad Celsius übersteht die Schnee-Eule.

S wie …

Schneeleopard

Steckbrief

Schneeleopard

Lebensraum: Gebirge
Verbreitung: Himalaya
Größe: bis zu 1,50 Meter

Auf behaarten Sohlen durch den Schnee: Wegen der flauschigen Unterseite seiner Pfoten sinkt der Schneeleopard nicht tief ein – und behält warme Füße.

Lautlos streift der Schneeleopard durch die karge Gebirgslandschaft des Himalayas. Im Sommer ist er in Höhen von bis zu 6 000 Meter unterwegs! Sein graues Fell mit schwarzen Punkten bietet ihm in der Schneelandschaft eine hervorragende Tarnung. Den auffälligen, langen Schwanz nutzt das Tier bei seinen gewaltigen Sprüngen als Steuerruder. Außerdem ist er ein praktischer Kälteschutz: Im Schlaf wickelt sich die Raubkatze darin ein und legt die Spitze über die Nase. Bei der Jagd schleicht sich der Schneeleopard so nah wie möglich an seine Beute heran, um sie dann in wenigen Sätzen zu erreichen. Auf seinem Speiseplan stehen vor allem Schafe, Ziegen und andere Huftiere, aber auch Murmeltiere, Hasen und Vögel sowie bestimmte Pflanzen.

→ Rekord
Bis zu **16** Meter *soll der Schneeleopard angeblich mit nur einem Sprung schaffen.*

Kuscheliger Schal

Der Schwanz des Schneeleopards kann bis zu einem Meter lang sein. Er ist zudem weich und kuschelig und kann als wärmender Schal bei Kälte genutzt werden.

Zähne zeigen

Der Schneeleopard hat ein typisches Raubtiergebiss. Er kann Tiere erlegen, die dreimal so schwer sind wie er selbst!

Der Schneeleopard ist die am stärksten bedrohte Großkatze der Welt.

S wie … Schuhschnabel

Der Schuhschnabel lebt in unwegsamen, dicht mit Papyrus und Schilf bewachsenen Sümpfen. Auf der Jagd nach Fischen oder Fröschen steht er meist unbeweglich auf einer Stelle und beobachtet die Wasseroberfläche. Oder er schreitet langsam durch das seichte Wasser. Erspäht er ein Beutetier, schnappt er blitzschnell mit seinem scharfkantigen Schnabel zu – dabei passiert es schon mal, dass er das Gleichgewicht verliert und nach vorne überkippt! An der oberen Schnabelspitze hat er einen Haken, mit dem er seinen Fang sicher hält. Ihr Nest errichten die Tiere gern auf einer kleinen Insel oder einem dichten Teppich aus Schwimmpflanzen. Beim Brüten und Füttern des Nachwuchses wechselt sich das Paar ab.

Der Schuhschnabel ist ein Einzelgänger, der den Kontakt mit anderen Artgenossen meidet und fast immer allein umherstreift.

Großer Schnabel

Der Schnabel hat eine besondere Form, die an einen Schuh erinnert. Er kann bis zu 20 Zentimeter lang werden.

Schon gewusst?

Aufgrund seiner absolut einzigartigen Anatomie ist bis heute nicht ganz klar, zu welcher Vogelfamilie der Schuhschnabel gehört. Anatomisch würde er als Storch gezählt werden, während er genetisch eher zu den Pelikanen gehört. Inzwischen wird ihm auch häufiger eine eigene Familie zugedacht.

Steckbrief

Schuhschnabel

Lebensraum: Sumpfgebiete

Verbreitung: Afrika

Größe: bis zu 1,20 Meter

Nachwuchs

Die Brutsaison beginnt mit der Trockenzeit. Dann ist das Nest vor Überflutung geschützt und die Eltern finden viel Futter für ihren Nachwuchs.

S wie …

Schützenfisch

Schützenfische leben im relativ flachen Brackwasser. Das ist eine Mischung aus Süß- und Salzwasser, die entsteht, wenn ein Fluss ins Meer mündet. Die tropischen Fische halten sich nah an der Wasseroberfläche auf und ernähren sich von Insekten. Sie haben eine einzigartige Jagdmethode entwickelt: Insekten werden mit einem gezielten Wasserstrahl so geschickt von den Pflanzen geschossen, dass diese ins Wasser fallen und direkt verspeist werden können. Bis zu zwei Meter weit entfernte Insekten kann ein Schützenfisch auf diese Weise präzise treffen. Besonders geschickte Exemplare sollen ihre Beute sogar auf vier Meter treffen!

Mangrovenwälder

Die Bäume wachsen an tropischen Küsten im Salzwasser und bilden ein ganz besonderes, leider stark bedrohtes Ökosystem.

Spritzdüse

Das Maul des Schützenfischs ist nach oben ausgerichtet und funktioniert wie eine flexible Düse. So kann der Fisch den Wasserstrahl gezielt lenken und verändern, um seine Beute zielsicher zu treffen.

Steckbrief

Schützenfisch

Lebensraum: Brackwassergebiete in den Mangrovensümpfen

Verbreitung: Südsee

Größe: bis zu 40 Zentimeter

Schon gewusst?

Um seine Opfer mit größtmöglicher Wucht zu treffen, schießt der Schützenfisch das Wasser erst langsam und dann immer schneller aus seinem Maul. So entsteht kurz vor dem anvisierten Insekt eine Wasserkugel, die das Tier mit voller Wucht von seinem Blatt herunterschießt.

S wie …

Schwalbenschwanz

Mit einer Flügelspannweite von bis zu acht Zentimetern und dem farbenprächtigen Muster gehört der Schwalbenschwanz zu den größten und schönsten heimischen Tagfaltern. Seine Hinterflügel sind auffällig verlängert und erinnern an den Schwanz einer Rauchschwalbe. Der Schwalbenschwanz kommt meist in zwei Generationen vor: Die ersten Raupen schlüpfen im Mai und sind im Juni als Falter unterwegs. Die zweite Generation folgt im Hochsommer und unterscheidet sich durch eine kräftigere Gelbfärbung von der ersten. Wenn deren Raupen wiederum im Spätsommer schlüpfen, ist es häufig schon zu kühl. Deshalb überwintern sie meist als Puppen, aus denen dann im nächsten Mai eine neue Faltergeneration schlüpft.

Wehrhaft

Die Raupe kann eine Gabel am Kopf ausstülpen. Mit ihr verspritzt sie ein Sekret, das durch seinen Geruch Feinde vertreibt.

Steckbrief

Schwalbenschwanz

Lebensraum: Gärten, freie Flächen

Verbreitung: in den gemäßigten Regionen Nordafrikas, Europas, Asiens und Nordamerikas

Größe: bis zu acht Zentimeter

Vom Ei zum Falter

Auf ihrem Weg zur Verpuppung muss die Raupe mehrmals ihre Hülle wechseln. (1) Die grau-schwarze Raupe mit Haaren kriecht aus dem Ei. Sie wird im Abstand von einer Woche vier Häutungen mit Farbwechsel durchlaufen. (2) Kurz vor der Verpuppung hat die Raupe eine grün-orange-schwarze Färbung. (3) Eine etwa 18 Tage alte Puppe. (4) Der Schmetterling schlüpft.

Der Schwalbenschwanz ist ein echter Flugkünstler. Eindrucksvoll flattert und segelt er über Wiesen und durch Gärten. Gelegentlich lässt er sich auf Blüten nieder, um von ihrem Nektar zu naschen.

Schwebfliege

Schwebfliegen sind geschickte Flugkünstler: Wie ein Hubschrauber können sie in der Luft seitwärts und rückwärts fliegen oder sogar stehen bleiben. Dabei schlagen sie bis zu 300-mal pro Sekunde mit ihren Flügeln. Man unterscheidet rund 6 000 Schwebfliegenarten, die recht unterschiedlich aussehen können: So gibt es schlanke, gedrungene, behaarte oder unbehaarte Exemplare. Schwebfliegen ernähren sich von Blütennektar und Pollen, weshalb sie beim Bestäuben von Pflanzen eine wichtige Rolle spielen. Die befruchteten Weibchen legen mehrere Hundert Eier, aus denen dann Larven schlüpfen. Diese fressen je nach Art unterschiedliche Dinge: Manche ernähren sich von Pflanzensäften und -resten, andere leben räuberisch.

Steckbrief

Schwebfliege

Lebensraum: fast alle Lebensräume

Verbreitung: nahezu weltweit

Größe: bis zu zwölf Millimeter

Funny Fact

Gut getäuscht!

In der Natur signalisieren schwarz-gelbe Farben: Achtung, ich bin gefährlich! Die meisten Schwebfliegen ahmen deshalb das Farbmuster von Bienen und Wespen nach. Vögel machen dann oft einen großen Bogen um sie, obwohl die harmlosen Fliegen gar keinen Stachel haben! Eine solche Täuschung nennt man Mimikry.

Bestäuber

Eine Gartenschwebfliege im Anflug auf eine Blüte. Neben den Bienen sind Schwebfliegen unsere wichtigsten Bestäuber.

Schwebfliegenlarven sind natürliche Schädlingsbekämpfer. Hier hat eine Larve eine Blattlaus gefangen und saugt sie genüsslich aus.

Auch Schwebfliegen sehen, wie alle Insekten, die Welt durch Facettenaugen. Das sind Tausende von Einzelaugen, die zu einem großen Auge angeordnet sind.

Schwertwal

S wie …

Wie ein großes Schwert thront die Finne des Schwertwals auf seinem Rücken. Sie kann bis zu 1,80 Meter lang werden! Die imposanten Tiere, die man auch Orcas nennt, gehören zur Familie der Delfine und haben eine auffällig schwarz-weiße Färbung. Sie leben in Gruppen, den sogenannten Schulen, die aus fünf bis 50 Tieren bestehen. Die Wale verständigen sich untereinander mit Pfeiftönen und Rufen, wobei jede Gruppe einen eigenen Dialekt hat. Klicklaute helfen ihnen bei der Orientierung und beim Aufspüren der Beute. Gemeinsam gehen die Tiere auf die Jagd. Je nachdem in welcher Region sie leben, haben sie sich auf unterschiedliche Nahrung spezialisiert: Einige fressen Säugetiere wie Robben, Pinguine und sogar Wale, andere gehen auf Fischfang.

Unglaublich!

Schwertwale sind äußerst intelligent. Wenn sich eine Robbe auf einer Eisscholle versteckt hat, erzeugen sie mit ihrer Gruppe so starke Wellen, dass sich die Robbe nicht mehr halten kann.

Jagd im Rudel

Indem sie gemeinsam auf Beutefang gehen, können die Orcas auch Tiere überwältigen, die größer sind als sie selbst.

Schon gewusst?

Der Schwertwal wird zwar nur etwa neun Meter lang, aber weil größere Wale, wie zum Beispiel der Blauwal, Barten anstatt Zähne haben, gilt der Orca als der zweitgrößte Zahnwal.

Schwertwale zählen wie alle Wale zu den Säugetieren und nicht zu den Fischen.

Luftsprünge

Beim schnellen Schwimmen springen die Schwertwale auch immer wieder aus dem Wasser.

Steckbrief

Schwertwal

Lebensraum: Meer

Verbreitung: alle Weltmeere

Größe: bis zu zehn Meter

S wie …

Sechsfleck-Widderchen

Sechs rote Flecken auf jedem Vorderflügel geben dem Sechsfleck-Widderchen seinen Namen. Allerdings kann man die Flecken nicht bei jedem Exemplar zählen, da sie manchmal ineinander übergehen. Die leuchtend rote Warnfarbe des Falters signalisiert seinen Fressfeinden: Achtung, ich bin giftig! Sein Körper enthält nämlich Blausäure, die ihn ungenießbar macht. Im Juli und August schlüpfen die Falter und sind dann auf sonnigen Wiesen, Hängen und an Waldrändern unterwegs. Ihre grüngelblichen Raupen haben eine auffällige, schwarz gepunktete Musterung. Sie ernähren sich vor allem von Klee und Wicken und überwintern dann häufig unter Laub. Im Frühling verpuppen sich die meisten Raupen, damit im Sommer neue Falter schlüpfen können.

Funny Fact

Gehörnter Schmetterling

Warum heißt das Tier Widderchen, wenn es doch eigentlich ein Schmetterling ist? Ganz klar: Wer ein Foto sieht, dem fallen als Erstes natürlich die krumm gebogenen Fühler auf!

Der Widder ist ein männliches Schaf.

Flecken

Färbung

Die meisten in Mitteleuropa vorkommenden Arten haben schwarze Flügel mit einer unterschiedlichen Anzahl an roten Flecken, von denen sich ihr zweiter Name ableitet: Blutströpfchen.

3 Letzte Verwandlung

Im Kokon verpuppt sich die Raupe und verwandelt sich in den Schmetterling. Der lässt nach dem Schlüpfen Puppenhülle und Kokon leer zurück.

2 Kokon

Nachdem sich die kleinen Raupen mehrfach gehäutet haben, schaffen sie sich einen schützenden Kokon.

1 Eiablage

Die Eier werden in der Nähe von Futterpflanzen der Raupen abgelegt. Das sind zum Beispiel Spitzwegerich, Hornklee, Kronwicken. Aus den Eiern schlüpfen kleine Raupen.

Steckbrief

Sechsfleck-Widderchen

Lebensraum: Wiesen und Waldränder

Verbreitung: Europa und Teile Asiens

Größe: bis zu 40 Millimeter

S wie …

Seehase

Der Seehase fühlt sich in kühleren Küstengewässern am wohlsten. Er ist ein schlechter Schwimmer, der anders als viele andere Fische keine Schwimmblase hat, die ihn im Wasser schweben lässt. Deshalb hält er sich meist auf steinigem Meeresgrund auf. Seine Bauchflossen haben sich zu einer Saugscheibe entwickelt, mit der er sich am Boden ansaugen kann. So befestigt, wird er auch von starken Strömungen nicht weggetrieben. Im Frühjahr schwimmen die Fische in seichtere Küstenregionen. Hier laicht das Weibchen rund 350 000 Eier ab und kehrt dann in tiefere Gewässer zurück. Das Männchen dagegen bleibt – und nimmt erst wieder Nahrung zu sich, wenn die Larven geschlüpft sind.

Schon gewusst?

Nachdem das Weibchen abgelaicht hat, sind die Eier vielen Gefahren ausgesetzt. Deshalb bewachen die männlichen Seehasen den Laich gewissenhaft.

Junge Fische

Anders als die ausgewachsenen Fische haben die Jungen eine matt olivgrüne bis ockergelbe Haut mit silbernen Streifen und Punkten.

Steckbrief

Seehase

Lebensraum: Meeresboden

Verbreitung: Nord- und Ostsee sowie im Nordatlantik

Größe: bis zu 70 Zentimeter

Der Seehase taucht als Speisefisch sehr selten auf. Seine Eier hingegen gelten als Delikatesse und werden als Deutscher Kaviar verkauft.

Funny Fact

Hoppelnder Fisch?

Nein. Der Seehase hoppelt definitiv nicht über den Meeresboden. Sein anderer Name, Lumpfisch, passt da schon besser. »lump« kommt aus dem Englischen und bedeutet Klumpen oder Batzen.

Seeleopard

S wie …

Steckbrief

Seeleopard

Lebensraum: Meer und Küste

Verbreitung: antarktische Meere

Größe: bis zu 3,60 Meter

Der Seeleopard ist eine weit verbreitete Robbenart am Südpolarmeer und gilt als einziger echter Jäger unter den Robben. Mit dem Leopard hat er sein dunkel geflecktes Fell gemeinsam. Sein stromlinienförmiger Körper macht ihn zu einem schnellen Schwimmer. Bis zu 40 Stundenkilometer kann er im Wasser erreichen und bis zu 15 Minuten lang tauchen. Der Seeleopard ist ein Einzelgänger und hält sich gerne am Rand des Packeises auf, wo er im Wasser auf Beutefang geht. Das mächtige Tier hat kaum Feinde und muss nur den Schwertwal fürchten. Unter Wasser gibt es manchmal lang gezogene, dröhnende Laute von sich, die wohl zur Verständigung mit Artgenossen dienen.

Scharfe Zähne

Der Seeleopard ist ein Raubtier; seine spitzen Zähne sind gefährliche Waffen.

Gefahr aus dem Wasser

Zwar ernähren sich Seeleoparden hauptsächlich von Krill, aber auch junge Robben oder Pinguine stehen auf ihrer Speisekarte. Manchmal jagen sie die wendigen Wasservögel unter Wasser. Häufiger schnappen sie aber zu, wenn ein Pinguin aufs Eis hüpft, dort keinen Halt findet und zurück ins Wasser fällt.

Seeleopard

Krill ist ein Kleinkrebs und nur zwei Gramm schwer.

Unglaublich!

Obwohl der Seeleopard ein gefährlicher Räuber ist und in seinem Lebensraum eigentlich keine natürlichen Feinde hat, ernährt er sich zu großen Teilen vom winzigen Krill. Mit seinem Raubtiergebiss kann er deshalb nicht nur kräftig zubeißen – es ist auch wie eine Seihvorrichtung geformt, mit der er den Krill aus dem Wasser filtern kann.

S wie …

Seeotter

Der Seeotter hält sich am liebsten im Meer in Küstennähe auf, denn er ist perfekt an das Leben im Wasser angepasst: Seine paddelförmigen Füße und die Schwimmhäute zwischen den Zehen machen ihn zu einem flinken Schwimmer. Er hat zwar keine wärmende Fettschicht, dafür aber ein extrem dichtes Fell, das ihn vor dem kalten Nass schützt. Kleine Luftbläschen zwischen den sehr feinen Haaren isolieren zusätzlich.
Auf dem Meeresgrund sammelt er Seeigel, Seesterne, Muscheln oder Schnecken. Um deren harte Schale zu knacken, verwendet er einen Stein als Werkzeug. Den legt er sich, zum Beispiel auf dem Rücken schwimmend, auf die Brust und schlägt seine Beute dagegen.

Fast ausgerottet

An den Küsten von Alaska und Kalifornien leben noch kleine, streng geschützte Bestände von Seeottern. Wegen seines besonderen Fells wurde er bis 1910 fast bis zur Ausrottung gejagt.

Unglaublich!

Perfekt angepasst an den Lebensraum des Seeotters ist seine Niere. Sie ist so effizient, dass der Otter sogar in der Lage ist, salziges Meerwasser zu trinken!

Steckbrief

Seeotter

Lebensraum: Meer

Verbreitung: nordamerikanische Pazifikküste

Größe: bis zu 1,30 Meter

Funny Fact

Nasses Nickerchen

Selbst zum Schlafen müssen Seeotter nicht unbedingt an Land. Oft drehen sie sich einfach in Seetangwäldern auf den Rücken und schlafen dort. So sind sie vor Feinden geschützt und werden nicht abgetrieben.

Guten Appetit! Dieser Seeotter verspeist seine Beute: Muscheln. Um sie aufzubrechen, benutzt er einen Stein, der auf seiner Brust liegt. Clever!

S wie …

Seepferdchen

Aufrecht scheint das Seepferdchen durch das Wasser zu schweben. Meist hält es sich gut versteckt im Seegras oder zwischen Algen auf. Weil es außerdem seine Farbe an die jeweilige Umgebung anpassen kann, ist es vor Fressfeinden gut geschützt. Mit seinem Greifschwanz klammert sich das Seepferdchen gerne an Pflanzen fest und lässt sich von der Strömung auf- und abwiegen. Der kleine Meeresbewohner ernährt sich von Krebstieren und Fischlarven, die an seiner langen Schnauze vorbeischwimmen. Blitzschnell saugt er sie dann auf und verschluckt sie. Bei der Paarung verhaken sich Männchen und Weibchen mit ihrem Greifschwanz und tanzen eine Weile durchs Wasser. Ein Seepferdchenpaar bleibt übrigens ein Leben lang zusammen!

(1) Über 200 Eier können sich im Brutbeutel des Männchens befinden.
(2) Doch zuvor muss das Weibchen (rechts) sie in die geöffnete Bauchtasche des Männchens (links) übertragen.

Unglaublich!

Kinderkriegen ist bei den Seepferdchen Männersache! Das Weibchen legt nämlich seine Eier in eine Bauchtasche des Männchens, wo sie befruchtet und nach etwa zwei bis fünf Wochen die Jungtiere geboren werden.

Kein Pferd, sondern ein Fisch

Mit seinem Pferdekopf und dem wurmförmigen Körper sieht das Seepferdchen nicht wie ein typischer Fisch aus.

Funny Fact

Die Schildkröte unter den Fischen

Aufgrund ihres Körperbaus können Seepferdchen nur mit ihrer Rückenflosse für Antrieb sorgen. Das macht sie zu den langsamsten Fischen der Welt mit einer Durchschnittsgeschwindigkeit von etwa 1,50 Metern pro Stunde.

Steckbrief

Seepferdchen

Lebensraum: warme, gemäßigte Meere

Verbreitung: fast weltweit

Größe: bis zu 35 Zentimeter

Wickelschwanz

Damit Seepferdchen während eines Schläfchens nicht wegtreiben, haken sie sich mit ihrem Schwanz fest.

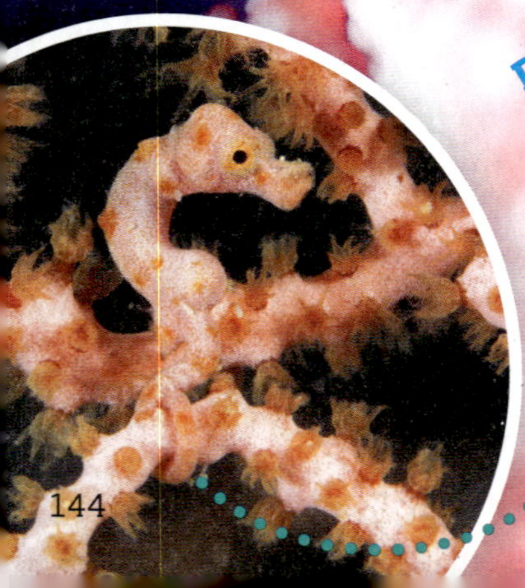

Bunt, bunter, Seepferdchen

Seepferdchen passen sich farblich ihrer Umgebung an, um besser getarnt zu sein.

S wie …

Seewespe

Die Seewespe ist nicht etwa ein Insekt, sondern gehört zu den Nesseltieren. Wie alle Quallen besteht sie zu 99 Prozent aus Wasser. An ihrer bläulichen Schwimmglocke hängen bis zu 60 lange Tentakel, an denen sich Tausende Nesselkapseln befinden. Berührt sie damit ihre Beute, schießen feine Fäden heraus, die in die Haut eindringen und ihr lähmendes Gift abgeben. Die Seewespe verfügt außerdem über insgesamt 24 Sehorgane, von denen 16 zur Unterscheidung von Hell und Dunkel dienen. Die übrigen acht haben allerdings hoch entwickelte Linsen, die ein scharfes Bild ermöglichen! Da die Tiere kein Gehirn haben, werden die Informationen direkt in ihrem Nervensystem verarbeitet.

Unglaublich!

Die Seewespe gehört zu den giftigsten Tieren der Welt. Das Gift von nur einer Qualle würde ausreichen, um 250 Menschen zu töten!

Indem sie ihren Schirm zusammenzieht und wieder öffnet, kommt die Qualle vorwärts.

Achtung

Auf der Jagd nach kleinen Fischen und Krebstieren kommt die Qualle häufig nah an die Küste heran, weshalb sie für Schwimmer extrem gefährlich werden kann. An vielen Stellen Australiens findet man daher dieses Warnschild.

Übrigens: Die Seewespe ist ein Weichtier.

Steckbrief

Seewespe

Lebensraum: Meere

Verbreitung: vor den Küsten Australiens, westlicher Pazifik

Größe: mit Tentakeln bis zu drei Meter

Schon gewusst?

Die Seewespe ist nicht nur das giftigste Tier der Welt, sondern auch eine der schnellsten Quallen. Mit bis zu neun Stundenkilometern kann sie schneller schwimmen als jeder Mensch.

S wie …

Seidenlaubenvogel

Männchen

Das Gefieder des Männchens leuchtet schwarz-blau, sodass es in der blauen Laube gut zur Geltung kommt.

Steckbrief

Seidenlaubenvogel

Lebensraum: Regenwälder, offene Landschaften

Verbreitung: Australien

Größe: bis zu 30 Zentimeter

Weibchen

Das Weibchen ist graubraun gefärbt. Blau sind an ihm nur seine Augen.

Die Weibchen der verschiedenen Arten bevorzugen ganz unterschiedliche Farben beim Laubenbau.

Die Lieblingsfarbe des Seidenlaubenvogels ist Blau und spielt bei der Balz eine wichtige Rolle: Ist das Männchen auf Brautschau, reinigt es zuerst den Balzplatz und errichtet eine Laube aus Zweigen. Diese schmückt es dann mit allen möglichen, meist blauen Gegenständen: Blüten, Federn, Steinchen, Muschelschalen, Beeren, aber auch Glasscherben, Plastik oder anderem Abfall in der passenden Farbe. Anschließend lockt es ein Weibchen an, indem es ein Borkenstückchen in – meist blauen – Fruchtsaft tunkt und damit die Wände des Baus bemalt. Um das Weibchen zu beeindrucken, folgt nun vor und in der Laube ein imposanter Balztanz mit Gesang, der mit etwas Glück zur erfolgreichen Paarung führt.

Laube

Die Laube besteht aus zwei parallel angeordneten Wänden, die aus Zweigen geflochten und jeweils etwa 45 Zentimeter lang sind.

Schon gewusst?

Die prachtvolle Laube dient nur der Balz. Nach der Paarung bleibt das Weibchen sich selbst überlassen; es muss sich um die Aufzucht der Jungen alleine kümmern. Auch das Nest für die Aufzucht baut es ohne fremde Hilfe!

S wie …

Stachelschwein

Unglaublich!

Mit einem Stachelschwein ist nicht zu spaßen. Die Stacheln sind nicht nur schmerzhaft, sondern können sogar lebensgefährliche Entzündungen auslösen.

Dank seines wehrhaften Stachelkleides muss das Stachelschwein auch größere Angreifer wie Löwen nicht fürchten. Die schwarz-weiß geringelten, starren Spieße können bis zu 40 Zentimeter lang werden – damit sind sie die längsten der Tierwelt! Eigentlich sind sie umgewandelte Haare. Im Fell des Stachelschweins kommen von weicheren Wollhaaren über flache Borsten bis zu elastischen Stacheln die unterschiedlichsten Haartypen vor. Droht Gefahr, stellt das Nagetier seine Stachelpracht auf, rasselt drohend mit seinen Spießen am Schwanz, stampft mit seinen kurzen Beinen auf den Boden und beginnt warnend zu fauchen. Reicht das nicht aus, geht es rückwärts auf den Angreifer zu und lässt ihn schmerzhaft seine Stacheln spüren.

Feinschmecker

Stachelschweine sind Vegetarier, die sich von Gräsern, Kräutern, Rinde, Laub, Wurzeln und Wildfrüchten ernähren.

Festgehakt

An den Spitzen der Stacheln befinden sich winzige Widerhaken; deshalb sind sie nur schwer aus der Haut eines Angreifers zu entfernen.

Stacheln

Eine Runde Kuscheln: Stachelschweine leben als feste Paare zusammen, oft in Familiengruppen. Diese bestehen aus Eltern, älteren und neugeborenen Jungen.

Steckbrief

Stachelschwein

Lebensraum: Grassavanne, offene Wälder, Halbwüste, tropischer Regenwald

Verbreitung: Afrika, Süditalien, Südasien

Größe: bis zu 90 Zentimeter

Nachwuchs

Die Stacheln der Nager sind nicht von Anfang an hart. Bei der Geburt müssen sie ganz weich sein, denn sonst würden sie die Mutter verletzen.

S wie …

Steinfisch

Zu den extrem giftigen Meeresbewohnern gehört auch der Steinfisch. Er bevorzugt flache Küstengewässer und kommt häufig in Korallen- und Steinriffen oder auf Sand- und Geröllböden vor. Wie für einen Bodenbewohner typisch, sind seine Augen und das große Maul nach oben gerichtet. Mit seiner warzigen Haut und der dunklen Färbung sieht er einem Stein zum Verwechseln ähnlich. Häufig ist sein Körper außerdem mit Algen bewachsen, was ihm eine noch bessere Tarnung ermöglicht. So lauert er nahezu unsichtbar zwischen Felsen, in Algen oder im Sand eingegraben auf kleine Fische oder Krebstiere. Kommt ihm ein Beutetier zu nah, reißt er blitzschnell sein Maul auf und saugt es ein.

Steckbrief

Steinfisch

Lebensraum: Meeresboden

Verbreitung: Indopazifik, Rotes Meer

Größe: bis zu 40 Zentimeter

Sehr gefährlich!

Der Steinfisch ist eines der gefährlichsten Tiere und der giftigste Fisch der Welt. Auf seinem Rücken hat er Stacheln, mit denen er ein besonders starkes Gift abgibt, das sogar für den Menschen tödlich sein kann.

Der Steinfisch schwimmt kaum; meist liegt er unbeweglich am Meeresgrund und wartet auf Beute.

Einzelgänger

Am liebsten ist der Fisch für sich. Allein zur Paarungszeit sucht er sich Gesellschaft.

Tarnung

Die Fische sind extrem gut getarnt. Nur bei genauem Hinsehen erkennt man sie.

Unglaublich!

Die hervorragende Tarnung des Steinfischs wird vor allem Tauchern und Schwimmern zum Verhängnis, die versehentlich auf den Fisch treten oder ihn berühren. Deshalb wurde in Australien ein lebensrettendes Gegengift entwickelt.

S wie …

Sternmull

Regelmäßig landet der Sternmull unter den Top Ten der hässlichsten Tiere. Das liegt wohl vor allem an seiner Nase: Diese ist von 22 nackten Strahlen umgeben, die bei der Nahrungssuche unermüdlich in Bewegung sind. Mit den tentakelartigen Fortsätzen tastet er blitzschnell einen Gegenstand ab und führt Nahrhaftes zum Mund. Das zu den Maulwürfen gehörende Tier fühlt sich in feuchtem Boden am wohlsten. Wie seine Verwandten gräbt er lange, unterirdische Gänge. Er ist aber auch ein guter Schwimmer und Taucher und findet seine Nahrung sowohl in der Erde als auch im Wasser. Auf seinem Speiseplan stehen Würmer, Krebse und Insekten. Und davon muss er gewaltige Mengen essen: Täglich frisst er in etwa so viel, wie er wiegt!

Angeberwissen

- Der Sternmull ist zusammen mit der amerikanischen Sumpfspitzmaus das einzige Säugetier, das auch unter Wasser riechen kann. Dabei ist ihm seine seltsam anmutende Nase hilfreich.
- Über 100 000 Nervenenden befinden sich pro Quadratzentimeter Haut in der Nase des Sternmulls.
- Kaum ein Organ im Tierreich ist so vielseitig wie die Nase des Sternmulls. Wissenschaftler vermuten sogar, dass er mit ihr auch die elektromagnetischen Felder seiner Opfertiere spüren kann, um so noch schneller zu jagen.

Luftblasen

Der Sternmull kann sogar unter Wasser Beute erschnüffeln. Dazu produziert er eine Luftblase vor der Nase. Er atmet sie wieder ein und nimmt dabei einige Duftmoleküle aus der Umgebung auf. So weiß der Sternmull sofort, ob sich Beute in seiner Nähe befindet.

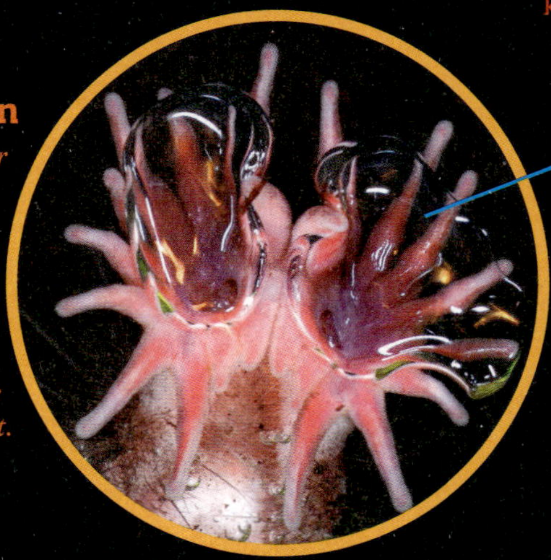

Steckbrief

Sternmull

Lebensraum: Feuchtgebiete, Flüsse, Bäche, Fließgewässer

Verbreitung: Ostkanada, nordöstliche USA

Größe: bis zu 13 Zentimeter

Grabschaufel

Mit den spitzen Krallen an seinen Pfoten kann der Sternmull gut graben.

Rekord

13 Beutetiere

kann der Sternmull in nur einer Sekunde abtasten, erkennen – und auch verspeisen: Damit gehört er zu den schnellsten Essern im Tierreich!

S wie …

Stirnlappenbasilisk

Der Stirnlappenbasilisk ist ein Mitglied der Leguanfamilie. Die schlanken, grüngefärbten Echsen tragen auf dem Rücken einen Kamm und auf dem Kopf Stirnlappen, denen sie ihren Namen verdanken. Beim Männchen sind diese etwas größer als beim Weibchen. Die tagaktiven Tiere bewohnen vor allem Bäume in Wassernähe. Sie können hervorragend schwimmen und tauchen. Neben Insekten, Schnecken und Fröschen fressen sie auch kleinere Fische sowie Früchte und Blüten. Fühlen sie sich bedroht, richten sie sich auf und laufen blitzschnell auf zwei Beinen davon. Die flitzenden Echsen können dann auf eine Geschwindigkeit von bis zu sieben Kilometer pro Stunde kommen!

Weibchen

Bei den weiblichen Echsen sind die Hautkämme auf dem Rücken und die Stirnlappen weniger stark ausgeprägt als bei den Männchen.

Stirnlappen

Man nennt ihn auch Kopfsegel, weil er wie ein Segel vom Kopf absteht.

Steckbrief

Stirnlappenbasilisk

Lebensraum: tropischer Wald, Regenwald, Feuchtgebiete, stehende Gewässer, Flüsse, Bäche, Fließgewässer

Verbreitung: Mittelamerika

Größe: bis zu 25 Zentimeter

Füße

Die schlanken Echsen haben kräftige Beine und verbreiterte Zehen, die es ihnen ermöglichen, kurzzeitig übers Wasser zu laufen.

Schwanz

Der Schwanz kann bis zu 55 Zentimeter lang werden.

Unglaublich!

Bei Gefahr kann der Stirnlappenbasilisk für kurze Zeit auf den Hinterbeinen übers Wasser rennen. Er wird deshalb auch Jesusechse genannt.

S wie …

Stockente

MÄNNLICH

WEIBLICH

Gefieder

Stockenten schmieren ihr Gefieder mit Fett aus der Bürzeldrüse ein. Dadurch werden die Federn Wasser abweisend.

Unglaublich!

Damit die Füße der Vögel im Winter nicht auf den zugefrorenen Wasserflächen festfrieren, sind sie mit einem genialen Adersystem ausgestattet, das wie ein Wärmetauscher funktioniert: Das warme Blut fließt auf dem Weg in die Füße sehr nahe am kalten Blut vorbei, das von den Füßen kommt. Dadurch wird das warme Blut auf null Grad Celsius gekühlt. So können die Füße das Eis nicht antauen und somit auch nicht wieder festfrieren.

Wo ist der Schnabel? Diese Stockente ruht sich ein bisschen aus.

Die Stockente kommt in Europa von allen Entenarten am häufigsten vor. Die Weibchen haben ein unauffälliges, braunes Federkleid und einen dunklen Schnabel. Die prächtigen Männchen tragen ein graues Gefieder mit grün schillerndem Kopf, weißem Halsring und gelbem Schnabel. Wechselt der Erpel im Sommer allerdings sein Federkleid, ähnelt er für wenige Wochen dem Weibchen. Jetzt kann man sie nur an der Schnabelfarbe voneinander unterscheiden. Nach der Paarung bauen Männchen und Weibchen gemeinsam ein Nest. Sobald das Brüten beginnt, überlässt der Erpel die weitere Pflege des Nachwuchses der Mutter. Nach rund vier Wochen schlüpfen die Küken und verlassen bereits nach wenigen Stunden das Nest, um ihrer Mutter nachzulaufen.

Steckbrief

Stockente

Lebensraum: an allen möglichen Gewässern, auch in Städten

Verbreitung: ganze nördliche Halbkugel außer Arktis

Größe: bis zu 60 Zentimeter

Köpfchen unter Wasser …

Wenn Enten plötzlich abtauchen und man nur noch ihren Schwanz und die Füße sieht, hat das einen Sinn. Beim Gründeln suchen die Enten nämlich im Schlamm nach etwas Fressbarem. Einmal im Maul, wird das Wasser durch Hornfortsätze, die wie ein Sieb funktionieren, herausgedrückt. Zurück bleibt nur der Leckerbissen.

S wie … Strauß

Schon gewusst?

Strauße stecken ihren Kopf bei Gefahr gar nicht in den Sand, wie es oft erzählt wird, sondern drücken ihn möglichst flach an den Körper, damit sie unauffällig erscheinen.

Kräftige Beine

Mit ihren muskulösen Beinen können Strauße eine Schrittlänge von 3,50 Meter erreichen.

Rekord

70 km/h

kann der Strauß im Sprint erreichen! Damit ist er das schnellste Tier auf zwei Beinen!

Brutpflege

Das Männchen hat zur Brutzeit einen Harem mit einer Haupt- und mehreren Nebenhennen um sich. Gemeinsam mit der Haupthenne kümmert es sich dann um das Gelege aller Hennen.

Steckbrief

Strauß

Lebensraum: Wüste und Halbwüste, Savanne, Grasland

Verbreitung: Afrika

Größe: bis zu drei Meter

Der Afrikanische Strauß ist der größte und schwerste Vogel der Welt. Ein Männchen kann auf über 150 Kilogramm kommen. Fliegen ist mit so einem Gewicht unmöglich. Die großen Flügel sind aber alles andere als nutzlos: Beim Rennen hält der Strauß damit zum Beispiel das Gleichgewicht oder setzt sie zum Bremsen ein. Seine kräftigen Beine eignen sich nicht nur für schnelle Läufe, sondern auch zur Verteidigung. Schließlich sind seine Zehen mit langen Krallen bewehrt. Mit einem gezielten Tritt kann er sogar einen Löwen außer Gefecht setzen. Strauße sind Pflanzenfresser, nehmen aber mit den Pflanzen auch Insekten und kleinere Tiere auf. Da sie wie alle Vögel keine Zähne haben, schlucken sie Steine, die die Nahrung im Magen zerkleinern.

Riesige Zehen

Der Strauß hat zwei Zehen an jedem Fuß, auf denen der Vogel auch läuft. Die vordere Zehe endet mit einer gewaltigen Kralle.

S wie …

Streifenskunk

Steckbrief

Streifenskunk

Lebensraum: Wälder, freie Grasflächen, Wüsten

Verbreitung: Zentralkanada bis Nordmexiko

Größe: bis zu 50 Zentimeter

Schon die auffällig schwarz-weiße Färbung signalisiert: Achtung! Mit mir legst du dich besser nicht an!

Unglaublich

Bis zu sechs Meter weit kann ein Stinktier sein abstoßend riechendes Sekret spritzen. Es zielt dabei immer auf das Gesicht des Angreifers. Wirklich treffsicher ist es aber erst bei kürzeren Abständen.

Angriff!

Die Stinkflüssigkeit riecht nach einer Mischung aus verbranntem Gummi, faulen Eiern und verdorbenen Zwiebeln. Der Gestank bleibt lange erhalten. Kleidung, die davon getroffen wird, kann man wegschmeißen.

Der Streifenskunk hat nur wenige Feinde. Die meisten Tiere halten sich von ihm fern, wenn sie einmal das übel riechende Sekret gerochen haben, das er verspritzen kann. Wird er angegriffen, kehrt er dem Angreifer zunächst das Hinterteil zu und hebt den Schwanz, denn die Stinkdrüsen sitzen am Hinterteil. Außerdem stampft er mit den Füßen und fletscht die Zähne. Erst wenn diese Drohgebärden keine Wirkung zeigen, setzt er seine Stinkwaffe ein. Stinktiere verbringen den Tag meist in einer Erdhöhle und werden erst nachts munter. Sie sind Allesfresser und verputzen vom Regenwurm bis zur Ratte oder Giftschlange die unterschiedlichsten Beutetiere, aber auch pflanzliche Kost wie Nüsse, Früchte oder Knollen.

Nachwuchs

Die Mutter kann bis zu zehn Junge bekommen, die etwa ein Jahr bei ihr bleiben. Die Jungen entwickeln ihre Stinkdrüsen etwa im Alter von fünf Wochen, die Flüssigkeit beginnt aber erst einige Wochen später zu stinken.

T wie …

Tagpfauenauge

Schützendes Muster: Angreifer halten die Flecken auf den Flügeln des Tagpfauenauges für die Augen eines größeren Tieres.

Steckbrief

Tagpfauenauge

Lebensraum: von der Küste bis in 2500 Meter Höhe

Verbreitung: überall in Europa und Nordasien

Größe: bis zu sechs Zentimeter

Tagpfauenaugen kommen bei uns sehr häufig vor. Die Schmetterlinge überwintern in Höhlen, Kellern, Dachböden oder anderen geschützten Orten. Ab März sind sie dann an warmen Tagen in Gärten, Parks oder lichten Wäldern unterwegs. Bei seiner Nahrung ist der Edelfalter nicht wählerisch: Im Frühling und Sommer fliegt er die unterschiedlichsten Blüten an, im Herbst ernährt er sich zusätzlich von Obst. Seine Raupen fressen jedoch ausschließlich Brennnesseln. Deshalb heften die Weibchen die Schmetterlingseier gleich an Brennnesselpflanzen: So sitzen die gefräßigen Raupen sofort nach dem Schlüpfen auf ihrer Leibspeise.

(1) *Die Raupen fressen viel und häuten sich mehrmals.* **(2)** *Mit etwa vier Wochen verpuppen sie sich. Die Puppe hängt kopfüber von einer Pflanze.* **(3)** *Im Schutz der Puppe hat sich ein Schmetterling entwickelt, der nun schlüpft.* **(4)** *Er lässt sich vom Wind trocknen und entfaltet seine Flügel – dann fliegt er los.*

Schon gewusst?

Das Tagpfauenauge hat gleich zwei Verteidigungstricks. Die großen, runden Flecken auf seinen Flügeln sehen Augen ähnlich und sollen Fressfeinde abschrecken. Und wenn das Tagpfauenauge die Flügel zusammenklappt, hat es nur noch die unauffällige Farbe Braun, die es wie ein trockenes Blatt wirken lässt und mit der es gut getarnt ist.

T wie …

Teppichhai

Teppichhaie oder Wobbegongs leben im Flachwasser von tropischen Gewässern. Mit ihren platten Körpern sehen sie nicht gerade wie typische Haie aus. Seine Körperform und die gefleckte Musterung bieten dem Raubfisch jedoch eine gute Tarnung auf dem Meeresgrund. Je nach Art hat er helle oder dunkle Flecken oder Streifen. Die langen, zotteligen Fransen rund um seinen Kopf erinnern an Algen, die sich im Wasser bewegen, und locken Beutetiere an. Tagsüber liegt der gut getarnte Jäger meist ruhend zwischen Korallen- und Felsenriffen, erst in der Dämmerung wird er aktiv. Die Jungen schlüpfen noch im Mutterleib aus den Eiern und kommen dann lebend zur Welt.

Steckbrief

Teppichhai

Lebensraum: Küstenregionen, Meer

Verbreitung: Westpazifik (Indonesien, Papua- und Neuguinea, Australien)

Größe: bis zu 3,20 Meter lang

Am Boden atmen

Hinter den Augen hat der Teppichhai Atemöffnungen. Mit ihnen saugt er Wasser an und entnimmt daraus Sauerstoff. So kann er im Gegensatz zu vielen anderen Haiarten atmen, ohne zu schwimmen.

Schon gewusst?

Teppichhaie sind Lauerjäger. Sie warten gut getarnt und geduldig am Meeresgrund auf Beute und schnappen dann blitzschnell zu.

Auf der Lauer

Geduldig und fast unsichtbar wartet dieser Fransenteppichhai auf Beute. Ist sie nah genug, reißt er sein Maul schlagartig auf und schiebt seinen Kiefer vor, wodurch ein Sog entsteht. Die Beute wird so ins Maul gezogen.

Perfekte Tarnung

Auch beim Schwimmen ist der Teppichhai bestens getarnt. Zwischen den Korallen wirkt er wie ein Stein und fällt kaum auf.

Mit den zotteligen Fransen am breiten Maul kann der Teppichhai tasten, riechen und schmecken.

Unglaublich!

Der Teppichhai ernährt sich hauptsächlich von Fischen, Rochen oder Krabben. Manchmal frisst er sogar kleine Haie, wenn ihm einer zu nahe am Maul vorbeischwimmt.

T wie …

Thermometerhuhn

Das Thermometerhuhn hat eine besondere Begabung: Mithilfe seines Schnabels kann es ganz genau erfühlen, wie warm es in seinem Bruthügel ist! Denn anders als andere Hühner brütet der Vogel seine Eier nicht selbst aus. Zunächst gräbt der Hahn eine etwa ein Meter tiefe Grube, die er mit Blättern füllt. Sind diese durch den Regen feucht geworden, scharrt er Sand darauf. Das Laub beginnt zu gären und im Hügel entsteht Wärme. Der Hahn misst nun immer wieder die Temperatur. Ist die perfekte Brutwärme erreicht, legt die Henne ihre Eier in den Bruthügel. Bis die Küken schlüpfen, kümmert sich der Hahn darum, dass die Temperatur konstant bleibt. Wird es zu warm, gräbt er Luftlöcher, wird es zu kalt, legt er Sand nach.

Schon gewusst?

34 Grad müssen im Inneren des Blätterbergs herrschen, damit das Thermometerhuhn seine Eier darin ablegen kann.

Ziemlich groß und kuschlig warm: Der Bruthügel des Thermometerhuhns kann über einen Meter hoch sein und einen Durchmesser von mehr als vier Metern haben!

Steckbrief

Thermometerhuhn

Lebensraum: offenes Buschland, gemäßigter Wald

Verbreitung: West- und Südaustralien

Größe: bis zu 60 Zentimeter

Thermometer

Der kurze Schnabel verfügt über einen sehr feinen Temperatursinn. Mit ihm misst das Männchen die Wärme im Bruthügel.

Fleißiger Papa

Kuhle graben, Blätter hineinlegen, Sand daraufscharren, Temperatur prüfen – der Hahn ist schwer beschäftigt.

T wie …

Thomsongazelle

Thomsongazellen sind gesellig und leben in Herden zusammen. Eine Herde kann mehrere Hundert Tiere umfassen!

Männchen oder Weibchen?

Die Hörner der Männchen sind etwa 30 Zentimeter lang, die der Weibchen kürzer und schlanker.

Schon gewusst?

Als eines der wenigen Tiere unter den Rinderartigen, zu denen die Gazelle zählt, kann die Thomsongazelle zweimal im Jahr ein Junges bekommen.

Die zierliche Thomsongazelle hat viele Feinde: So machen etwa Löwen, Geparden oder Hyänen Jagd auf sie. Um sich in Sicherheit zu bringen, bleibt ihr nur die schnelle Flucht. Gazellen haben ausgezeichnete Ohren und scharfe Augen, mit denen sie ein weites Gebiet überblicken können. Sie leben in Herden zusammen und ernähren sich vor allem von Gräsern und Kräutern. Meist gehen sie in den kühleren Morgen- und Abendstunden auf Nahrungs- und Wassersuche. Ihr Nachwuchs kommt in der Regenzeit zur Welt, wenn die Savanne genügend Futter bietet. Die ersten drei Lebenswochen verbringt das Junge gut versteckt im hohen Gras und wird mehrmals von seiner Mutter gesäugt. Danach ist es kräftig genug, um der Herde zu folgen.

Bis zu 60 km/h

Unglaublich!

Die Gazelle kann das schnellste Tier der Savanne, den Geparden, abhängen. Sie erreicht Spitzengeschwindigkeiten von bis zu 60 km/h und schlägt viele Haken – so kann sie dem Geparden, der keine Ausdauer hat, entwischen.

Steckbrief

Thomsongazelle

Lebensraum: Grasland, Savannen

Verbreitung: Ostafrika

Größe: bis zu 1,20 Meter

T wie …

Tiefseeanglerfisch

Viele, viele scharfe Zähne

In der Tiefsee findet sich nicht viel Beute – daher ist es ratsam, sie festzuhalten, wenn man welche gefunden hat! Dafür hat der Tiefseeanglerfisch viele spitze Zähne, die Dolchen ähneln. Sein Magen ist zudem sehr dehnbar. So kann er sogar Fische fressen, die größer sind als er selbst!

Tiefseeanglerfische kommen je nach Art in 300 bis zu 4 000 Metern Wassertiefe vor. Hier leben sie unter extremen Bedingungen: Unterhalb von 1 000 Metern dringt kein Lichtstrahl mehr vor und es herrscht absolute Dunkelheit. Die Temperaturen liegen bei zwei bis vier Grad und es gibt nur wenig Nahrung. Um trotzdem Beute zu machen, lockt der Tiefseeanglerfisch andere Lebewesen mit seiner leuchtenden Angel an. Das Licht entsteht mithilfe von Leuchtbakterien, die sich am Ende des Körperanhangs befinden. Es baumelt genau vor seinem Maul. Wenn nun ein Fisch das Licht für Beute hält und näher kommt, muss der Tiefseeanglerfisch nur das mit langen Fangzähnen bewehrte Maul öffnen und der Leckerbissen wird durch den entstehenden Unterdruck eingesaugt.

Weit über 100 Arten von Tiefseeanglerfischen sollen in den Meeren leben.

Steckbrief

Tiefseeanglerfisch

Lebensraum: Tiefsee

Verbreitung: weltweit

Größe: bis zu einem Meter

Funny Fact

Ganz schön anhänglich!

Wenn ein Tiefseeanglerfischmännchen auf ein Weibchen trifft, verschmelzen sie wortwörtlich miteinander. Nach und nach bilden sich alle wichtigen Organe des kleineren Männchens zurück und es wird nur noch über den Blutkreislauf des Weibchens mitversorgt.

Ausflug nach oben

Die Eier des Tiefseeanglerfischs steigen im Wasser nach oben. Erst nachdem sich aus den geschlüpften Larven ausgewachsene Fische entwickelt haben, kehren sie in die Tiefsee zurück. Die Männchen bleiben viel kleiner als die Weibchen.

T wie …

Tiger

Früh übt sich

Tiger leben in Revieren. Wenn sich männliche Jungtiere irgendwann ein eigenes Revier suchen, müssen sie mit älteren Männchen darum kämpfen. Grund genug, beim Spielen mit den Geschwistern fleißig zu üben!

Steckbrief

Tiger

Lebensraum: gemäßigter Wald, Nadelwald, tropischer Wald und Regenwald, Berge, Hochland

Verbreitung: Süd- und Ostasien

Größe: bis zu 2,90 Meter

Weiße Tiger

Tiger mit weißem Fell, wie man sie aus dem Zoo oder dem Fernsehen kennt, gibt es kaum in der Wildnis. Sie werden fast immer gezielt vom Menschen gezüchtet. In freier Wildbahn hat das weiße Fell auch einen großen Nachteil: Die Tiere sind nicht so gut getarnt wie ihre dunkleren Artgenossen.

Rekord

Bis zu **2,90** Meter *wird der Amurtiger, auch Sibirischer Tiger genannt, und ist somit die größte Katze der Welt.*

Mit seinem rötlichgelben Fell und den schwarzen Streifen ist der Tiger im Bambusdickicht kaum zu sehen. Häufig versteckt sich der Lauerjäger am Flussufer und wartet dort auf Tiere, die ihren Durst stillen wollen. Oder er schleicht sich auf leisen Pfoten an seine Opfer heran. Ist er nah genug, greift er mit einem gewaltigen Sprung an und erlegt das Tier mit einem gezielten Biss ins Genick. Der Tiger streift meist allein durch sein Revier und sucht nur zur Paarungszeit Gesellschaft. Die Jungtiere bleiben etwa eineinhalb Jahre bei ihrer Mutter. Bei ihrer Geburt sind sie noch taub, blind und wiegen nicht mehr als 1 700 Gramm. Doch sie wachsen schnell! Nach etwa sechs Monaten begleiten sie ihre Mutter schon bei der Jagd.

Schon gewusst?

Nur noch etwa 3 200 Tiger leben in freier Wildbahn. Die Zerstörung seines Lebensraums und die Jagd auf ihn sind eine große Bedrohung für den Tiger.

T wie …

Trampeltier

Energiespeicher
In den Höckern des Trampeltiers sind wichtige Fettreserven angelegt.

Steckbrief

Trampeltier

Lebensraum: Wüste und Halbwüste

Verbreitung: Ostasien

Größe: bis zu drei Meter

Das Trampeltier erkennt man an seinen zwei großen Höckern auf dem Rücken. Darin speichert es Fett, das es als Energiereserve nutzt, wenn das Futter knapp wird. Auch sonst ist das »Wüstenschiff« perfekt an das Leben in trockenen Regionen angepasst: Zum Schutz vor Wüstensand hat es lange, dichte Wimpern und kann seine Nüstern verschließen. Außerdem kommt es tagelang ohne Wasser aus. An einer Wasserstelle kann es dann innerhalb von zehn Minuten über 150 Liter Wasser trinken – so viel wie eine volle Badewanne! Bei der Nahrung ist es anspruchslos: Es frisst auch salzhaltige, harte und sogar dornige Pflanzen, ohne sich zu verletzen!

Einmal durchschaukeln, bitte! Kamele werden als Nutztiere eingesetzt.

Das höckerlose Lama ist sehr gesellig. Doch bei Rangkämpfen wird schon mal ordentlich gespuckt!

Dromedare wurden gezähmt und sind als Wildtiere ausgestorben. In Australien leben heute wieder verwilderte Herden.

Schon gewusst?

Das Trampeltier hat eine große Verwandtschaft! Zur Familie der Kamele gehören unter anderem auch das einhöckrige Dromedar und die höckerlosen Kamelarten Alpaka, Lama, Guanako und Vikunja.

T wie ...

Trottellumme

An Land watschelt die Trottellumme eher unbeholfen herum und auch beim Schwimmen ist sie nicht sehr schnell unterwegs. Allerdings ist der Meeresvogel ein guter Flieger und Taucher. Bei der Jagd taucht er zwar meist nur wenige Meter tief – doch wenn es sein muss, geht es auch schon mal bis zu 180 Meter hinunter! Bei der Nahrungssuche steckt er zunächst nur den Kopf ins Wasser, um einen Fisch ausfindig zu machen, und taucht erst ab, wenn er fündig geworden ist. Die etwa taubengroßen Vögel leben die meiste Zeit auf dem Meer. Nur zur Brutzeit kommen sie an Land. Wenn die Vögel sich mausern und ihr Federkleid wechseln, sind sie für rund 50 Tage flugunfähig und bewegen sich dann nur schwimmend und tauchend fort.

Mutprobe

Zwischen Mitte Juni und Juli findet in der Abenddämmerung auf der Insel Helgoland der sogenannte Lummensprung statt. Dann springen die kleinen, flugunfähigen Lummen vom Felsen ins Wasser. Nach dem mutigen Sprung bleiben die Jungen auf See.

Steckbrief

Trottellumme

Lebensraum: Küstenregionen, Meer, Polarregionen

Verbreitung: Nordatlantik, Nordpazifik

Größe: bis zu 42 Zentimeter

Gemeinsam brüten

In der Brutzeit bilden die Vögel dichte Kolonien auf Felsen an der Küste.

Unglaublich!

Lummenmamas brüten direkt am Felsen. Dass dabei ihr Ei nicht direkt in den Abgrund stürzt, verdankt es seiner besonderen Form. Die Eier der Trottellummen laufen am schmalen Ende spitz zu. So drehen sie sich im Kreis, anstatt in den Abgrund zu rollen.

U wie ...

Uhu

Man nennt ihn auch den König der Nacht: Der Uhu geht in der Dämmerung und nachts auf die Jagd.

Steckbrief

Uhu

Lebensraum: Wälder, Gebirge, Städte

Verbreitung: Europa, Asien, Nordafrika

Größe: bis zu 75 Zentimeter

Lautlose Flügel

Uhuflügel erzeugen beim Fliegen kaum ein Geräusch. Das ist auch gut so, denn die Beute ist wachsam.

Unglaublich!

Der Uhu kann seine Augen nicht bewegen, denn sie sitzen fest in den Augenhöhlen. Um trotzdem den Überblick zu behalten, kann die Eule ihren Kopf um bis zu 270 Grad drehen!

Der imposante Uhu ist die größte Eulenart auf der Erde. Der Nachtvogel verdankt seinen Namen seinem ähnlich klingenden Balzruf, der bis zu einen Kilometer weit zu hören ist. Er ist ein geschickter Jäger, der nicht nur aus dem Flug heraus seine Beute reißt. So kann er flüchtende Mäuse auch im Laufen einholen. Fliegend kann er Beutetiere wegtragen, die bis zu zwei Drittel seines eigenen Körpergewichts wiegen. So stehen neben kleineren Säugetieren auch Murmeltiere, Eiderenten und junge Füchse auf seinem Speiseplan. Während erwachsene Uhus kaum Fressfeinde haben, leben die Jungtiere gefährlich. Sie werden oft von Füchsen und Mardern gefressen, wenn diese an das Nest herankommen.

Schon gewusst?

Als typischer Nachtjäger ist natürlich auch der Hörsinn beim Uhu äußerst gut entwickelt. So kann er in der Finsternis selbst auf große Entfernungen eine Maus präzise orten.

Uhubaby

Die Küken tragen zunächst ein gräuliches Daunenkleid. Mit etwa zehn Wochen können sie fliegen.

Unverkennbare Merkmale des Uhus sind sein mächtiger Kopf, die langen Federohren und seine leuchtenden Augen. Farben sind für den Uhu eher uninteressant. Dafür sind seine Augen besonders groß und mit vielen Rezeptoren ausgestattet, sodass dem Vogel sehr wenig Licht ausreicht, um noch sehen zu können.

U wie … Unechte Karettschildkröte

Die Unechte Karettschildkröte ist ein echter Orientierungskünstler: Sie verfügt über eine Art inneren Kompass. Damit erspürt sie auch kleinste Unterschiede in der Stärke des Magnetfelds, das unsere Erde umgibt. So kennt sie bei ihren Wanderungen durch die Meere immer ganz genau ihre Position. Die Meeresschildkröte kann bis zu 60 Minuten unter Wasser bleiben und über 100 Meter tief tauchen. Zur Eiablage kommt das Weibchen allerdings an Land, wo es im Sand seine Eier eingräbt. Nachdem die Jungen geschlüpft sind, versuchen sie, so schnell wie möglich ins Meer zu gelangen. Dabei orientieren sie sich am Licht des Mondes, das sich an der Meeresoberfläche bricht.

Schon gewusst?

Die Unechte Karettschildkröte ist vom Aussterben bedroht. Während der Brutzeit sind daher die Strände, an denen sie ihre Eier eingräbt, für Touristen über Nacht gesperrt.

Unglaublich!

Die Unechte Karettschildkröte hat so starkes Heimweh, dass sie in 20 Jahren bis zu 20 000 Kilometer schwimmt, bis sie wieder an ihrem Heimatstrand ist. Hier wurde sie geboren und hier vergräbt sie auch ihre Eier.

1,2,3 … aus dem Ei!

Bis zu 200 Eier legt das Weibchen in eine Grube im Sand. Die Babys schlüpfen alle gleichzeitig und müssen dann alleine zurechtkommen.

Steckbrief

Unechte Karettschildkröte

Lebensraum: Meer

Verbreitung: weltweit in tropischen, subtropischen und gemäßigten Gewässern

Größe: bis zu 1,20 Meter

Nistplatz

Die Jungen sollten nicht gestört oder von künstlichem Licht in die Irre geführt werden, damit sie den Weg ins Meer finden.

V wie …

Viperfisch

Der Viperfisch ist ein Tiefseefisch, der meist in Meerestiefen von 500 bis zu 3 500 Metern vorkommt. Nachts steigt er aber auch schon mal in höhere Schichten auf, um dort auf Fischfang zu gehen. Sein Unterkiefer ist mit extrem langen, nach hinten gebogenen Fangzähnen bestückt, die auch bei geschlossenem Maul herausragen. Fast bewegungslos hält der Raubfisch Ausschau nach Beute. Mit seinen großen, extrem lichtempfindlichen Augen nimmt er die Bewegungen anderer Fische wahr. Schwimmt ein Tier zu nah heran, reißt er sein riesiges Maul auf und schnappt zu. Da er seinen Unterkiefer wie seine Namenspaten, die Vipern, aushängen kann, frisst er sogar Fische, die größer und länger sind als er selbst!

Unglaublich!

Der Körper des Viperfischs ist mit zahlreichen Leuchtorganen bedeckt. Seine Beute lockt er mit seiner langen Rückenflosse an, die an ihrem Ende leuchtet. Berührt man ihn, fängt sogar der ganze Fisch an zu strahlen!

Schon gewusst?

Sogar hinter seinen Augen hat der Viperfisch Leuchtorgane. Sie werden so zu einer Art Scheinwerfer, mit denen er seine Opfer blendet und perfekt sehen kann.

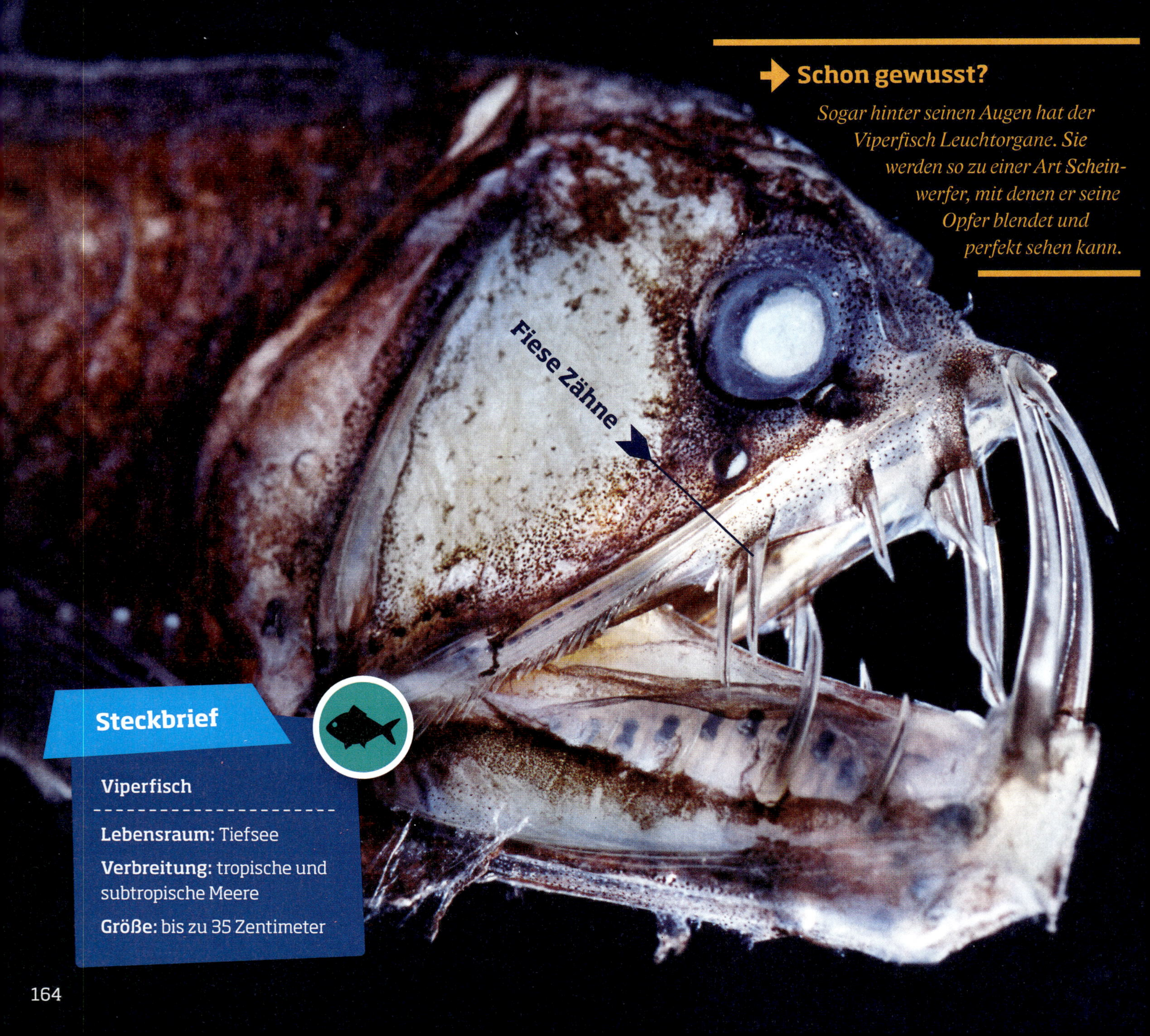

Steckbrief

Viperfisch

Lebensraum: Tiefsee

Verbreitung: tropische und subtropische Meere

Größe: bis zu 35 Zentimeter

W wie …

Waldfrosch

Der Waldfrosch bewohnt vor allem feuchte Waldgebiete. Seine Oberseite kann in unterschiedlichen Rot-, Braun-, Grau- und Grüntönen gefärbt sein. Gemeinsam ist allen Waldfröschen aber ein dunkler Streifen, der quer über ihr Gesicht verläuft und an die Maske eines Räubers erinnert. Den Laich legt das Weibchen gerne in Gewässern ab, die in trockenen Monaten kein Wasser führen. Das Gelege kann aus bis zu 3 000 Eiern bestehen. Im Herbst suchen die Amphibien Schutz unter einer Laubschicht und lassen sich einschneien. Wird es dann nach einigen Tagen oder Wochen wärmer, erwachen sie wieder zum Leben.

Angeberwissen

- Der Waldfrosch wird auch Eisfrosch genannt – kein Wunder! Denn er kann im Winter Minusgrade überstehen. Das schafft er mit einem körpereigenen Frostschutzmittel aus Zucker und Harnstoff.
- Der Waldfrosch kann Temperaturen von bis zu minus zehn Grad Celsius aushalten. Dann ist über ein Drittel seines Körpers komplett gefroren.

Den Ausblick kann der Waldfrosch kaum genießen – wie alle Frösche ist er kurzsichtig.

Steckbrief

Waldfrosch

Lebensraum: Wald

Verbreitung: nördliches Amerika, Kanada, Alaska

Größe: bis zu acht Zentimeter

Nachzügler

Jetzt aber schnell! Dieser Waldfrosch ist ziemlich spät dran. Es liegt schon Schnee – höchste Zeit, sich ein geschütztes Quartier zu suchen.

Das Männchen klammert sich auf dem Rücken des Weibchens fest. Gemeinsam gehen sie ins Wasser, um den Laich abzulegen.

Unglaublich!

Während seiner Überwinterung hört das Herz des Froschs auf zu schlagen. Auch sein Hirn und die anderen Organe stellen ihre Tätigkeiten ein. Der Waldfrosch ist also im Prinzip tot. Unter seiner Haut bilden sich Eiskristalle, jedoch nicht in seinen Zellen. Das hält ihn am Leben!

W wie … Waldrapp

Einst war der Waldrapp weit verbreitet. Doch vor rund 300 Jahren verschwand er fast völlig aus Europa. In freier Wildbahn leben heute nur noch wenige Tiere. Mit seinem nackten Kopf und der wilden Federmähne sowie dem langen, gebogenen Schnabel ist der Waldrapp unverwechselbar. Die Tiere lieben es gesellig: Sie brüten in Kolonien, die oft an Steilküsten oder Felswänden liegen. Männchen und Weibchen begrüßen sich, indem sie sich mit lauten Rufen voreinander verbeugen. Im Herbst fliegen die Zugvögel in typischer V-Formation in ihr Winterquartier. Um die kräftezehrende Reise zu überstehen, wechseln sie sich an der Spitze ab, sodass jedes Tier einmal die anstrengende Führungsposition übernimmt.

Starthilfe

Tiere, die in Menschenobhut aufgewachsen sind, werden von einem Ultraleichtflugzeug ins Winterquartier geführt. Denn sie müssen den Weg dorthin erst erlernen.

Unglaublich!

Bei den meisten Vögeln besteht der Schnabel nur aus gefühllosem Horn. Beim Waldrapp aber ist der Schnabel das Tastorgan, er ist gut durchblutet und feinfühlig. Damit kann er zum Beispiel Würmer im Boden besser aufspüren.

Zurück in die Wildnis

Der Waldrapp wurde fast vollkommen ausgerottet, weil sein Fleisch lange Zeit als Delikatesse galt. Auf der Liste der gefährdeten Vögel der Weltnaturschutzunion belegt er momentan Platz zwölf. Damit das nicht so bleibt, laufen seit einiger Zeit Auswilderungsprojekte, in denen der eigenartige Vogel wieder in freier Wildbahn angesiedelt werden soll.

Die Hauptnahrung des Waldrapps sind Insekten, er frisst aber auch Schnecken und kleine Säugetiere.

Steckbrief

Waldrapp

Lebensraum: Wüste und Halbwüste, Grasland, Gebüsch

Verbreitung: Nordwestafrika, Westasien

Größe: bis zu 80 Zentimeter

W wie …

Wallace-Flugfrosch

Segelflieger

Der Wallace-Flugfrosch hat große Schwimmhäute zwischen den Zehen. Um von einem Baum zum anderen zu kommen, spreizt er die Zehen und lässt sich so durch die Luft gleiten.

Steckbrief

Wallace-Flugfrosch

Lebensraum: tropischer Wald, Regenwald, Moor

Verbreitung: Südostasien

Größe: bis zu zehn Zentimeter

In den Regenwäldern Südostasiens ist der Wallace-Flugfrosch zu Hause. Die Frösche haben einen grünen Rücken mit weißen Punkten, einen gelben Bauch und gelbe Finger, zwischen denen sich die schwarzen Schwimmhäute spannen. Meist halten sie sich in den höheren Baumschichten auf, wo sie Jagd auf Insekten machen. Nach kräftigen, tropischen Regenfällen wandern sie jedoch in die tieferen Stockwerke, um sich zu paaren und ihre Eier abzulegen. Für den Nestbau sondert das Weibchen ein Sekret ab, das es mit seinen Beinen zu Schaum schlägt. Anschließend formt es daraus ein Nest und legt seine Eier hinein, die dann vom Männchen befruchtet werden.

Rekord

Bis zu **20 Meter**

weit kann ein ausgewachsener Wallace-Flugfrosch segeln.

Schaumnest

Schon gewusst?

Der weibliche Wallace-Flugfrosch legt die Eier in ein selbst gebautes Nest ab, das an einem Blatt über dem Wasser hängt. Wenn die kleinen Kaulquappen dann schlüpfen, fallen sie hinunter ins Wasser. Bis zu 800 Eier befinden sich in einem solchen Nest.

Kletterkünstler

An den Finger- und Zehenenden des Wallace-Flugfroschs befinden sich Haftscheiben, die ihm das Klettern erleichtern.

W wie … Walross

Das mächtige Walross ist ein hervorragender Schwimmer. Aber auch an Land kommt es schnell voran, indem es sich auf allen vier Flossen bewegt. Eine bis zu 15 Zentimeter dicke Fettschicht sorgt dafür, dass es auch bei langen Tauchgängen nicht friert. Mithilfe der imposanten Stoßzähne bricht es Atemlöcher ins Eis oder hievt sich aus dem Wasser heraus. Auch bei der Verteidigung kommen sie zum Einsatz. Für die Nahrungssuche sind sie allerdings zu lang. Auf der Suche nach Muscheln, Schnecken und anderen Tieren wühlen Walrosse mit ihrer Schnauze und den Flossen den Meeresboden auf. Harte Schalen knacken sie mit den Lippen. Außerdem jagen sie Tintenfische, Seegurken und manchmal sogar Robben.

Steckbrief

Walross

Lebensraum: Polar- und Küstenregionen, Meer

Verbreitung: arktische Meere

Größe: bis zu 3,80 Meter

Die Stoßzähne eines ausgewachsenen Männchens können bis zu einem Meter lang werden.

Der Schnurrbart des Walrosses besitzt bis zu 700 Tasthaare, mit denen es am Meeresgrund seine Beute aufspürt.

Walrosse sind Gruppentiere. Die Familienverbände bestehen meist aus einem Bullen, mehreren Weibchen und Jungtieren.

Auf der Suche nach Nahrung taucht ein Walross bis zu 100 Meter tief.

→ Rekord

Über **1200 kg** *schwer können ausgewachsene Walrosse werden.*

W wie …

Wandelndes Blatt

Die Wandelnden Blätter machen ihrem Namen alle Ehre. Sitzen sie auf einem Baum, muss man schon zweimal hinsehen, um sie von den übrigen Blättern zu unterscheiden. Ihre Tarnung schützt sie ideal vor Fressfeinden.

Wie alle Gespenstschrecken ist auch das Große Wandelnde Blatt im Gebüsch hervorragend getarnt! Es ahmt das Aussehen eines grünen Blatts mit leicht welken Stellen nach und ist kaum von einem echten Blatt zu unterscheiden. Um Nachwuchs zu zeugen, braucht das Weibchen nicht unbedingt ein Männchen. Es legt einfach unbefruchtete Eier ab, die sich zu genetischen Klonen der Mutter entwickeln. Deshalb gibt es viel mehr weibliche als männliche Tiere! Die frisch geschlüpften Jungtiere sehen den Erwachsenen bereits ähnlich, haben aber eine rotbraune Farbe. Erst nach der ersten Häutung bekommen sie grüne Stellen. Nach acht bis zehn Monaten ist ihre Entwicklung zu einem erwachsenen Insekt abgeschlossen.

Funny Fact

Im Herzen ein Blatt

Steht vor dem Terrariumsfenster ein Baum im Wind, so ahmen die Insekten das Schaukeln der Blätter nach. Auch wenn im Terrarium selbst natürlich kein Wind weht.

Die meisten Wandelnden Blätter sind nachtaktiv. Sie bewegen sich sehr langsam fort, um nicht aufzufallen.

Steckbrief

Wandelndes Blatt

Lebensraum: Sträucher, Urwald

Verbreitung: Südostasien, Malaysia, Indien

Größe: bis zu zehn Zentimeter

Unglaublich!

Wird einem Wandelnden Blatt ein Bein, zum Beispiel durch einen Vogel, abgebissen, so kann es einfach nachwachsen!

W wie …

Wanderfalke

Unglaublich!

Mit über 300 Stundenkilometern im Sturzflug ist der Wanderfalke das schnellste Tier der Welt! Außerdem ist er der größte Vertreter der Familie der Falken.

Nur in ihrem ersten Winter ziehen die Jungvögel nach Südwesteuropa. Erwachsene Vögel verlassen ihr Winterquartier nicht auf Dauer.

Scharfer Blick

Um seine Beute erspähen zu können, braucht der Wanderfalke natürlich außergewöhnlich gute Augen. Bis zu drei Kilometer weit kann der Vogel immer noch scharf sehen und auf diese Entfernung eine Taube erkennen.

Der Wanderfalke ist spezialisiert auf die Jagd in der Luft. Mit großer Geschwindigkeit stürzt er sich auf seine Beute, um sie zu schlagen. Er hat sehr scharfe Krallen und einen kräftigen Schnabel. Oft muss er seine Waffen aber gar nicht einsetzen, da seine Beute schon durch den Aufprall getötet wird. Auf seinem Speiseplan stehen fast ausschließlich kleine bis mittelgroße Vögel, zum Beispiel Tauben. Der Wanderfalke nistet in Steinbrüchen, aber auch in Kirchtürmen oder alten Burgen. Noch bis zu vier Wochen nachdem die Jungtiere ausgeflogen sind, versorgen die Eltern sie mit Futter. Oft bringen sie die Beute dann lebend und lassen sie vor den Augen der Jungtiere frei, damit diese die Jagd trainieren können.

Größenunterschied

Die Männchen sind mit 35 Zentimetern Körperlänge deutlich kleiner als die Weibchen, die bis zu 50 Zentimeter groß werden können.

Schon gewusst?

Um beim Sturzflug nicht die Augen schließen zu müssen, hat der Wanderfalke eine Nickhaut. Die wird vor dem Start über den Augapfel geschoben, ist durchsichtig und schützt vor kleinen Teilchen in der Luft.

Steckbrief

Wanderfalke

Lebensraum: Wälder, Wiesen, Städte, Küsten

Verbreitung: weltweit außer Antarktis

Größe: bis zu 50 Zentimeter

W wie …

Warzenschwein

Namensgebend für das Warzenschwein sind die sechs Warzen am Kopf, die beim Männchen deutlich größer sind als beim Weibchen. Im Gegensatz zu den meisten anderen Schweinen sind sie tagaktiv. Nachts und in der Mittagshitze ziehen sie sich in Erdhöhlen zurück. Diese betreten sie meist rückwärts, sodass sie die Umgebung weiter beobachten und mögliche Feinde direkt angreifen können. Mit ihren Hauern können sich Warzenschweine gut wehren und auch schon mal einen Leoparden vertreiben! Die Weibchen leben mit den Jungtieren in einer Gruppe von vier bis 16 Tieren, der sich manchmal auch ein Eber anschließt. Andere männliche Tiere schließen sich zu Junggesellengruppen zusammen oder leben als Einzelgänger.

Vorsicht, Warzenschwein! Die langbeinigen Tiere kreuzen auch schon einmal eine Straße.

Im Nacken und auf dem Rücken haben die Tiere eine lange Mähne. Dieser Eber scheint besonders stolz darauf zu sein.

Schon gewusst?

Das Warzenschwein ist das einzige Schwein, das grasen kann. Dabei legen sich die Tiere auf ihre vorderen Handgelenke und schieben sich vorwärts.

Funny Fact

»Radio Afrika«

Bei Gefahr stellt das Warzenschwein seinen Schwanz auf wie eine Antenne. Deshalb hat es auch den Spitznamen »Radio Afrika«.

Steckbrief

Warzenschwein

Lebensraum: Savannengebiete

Verbreitung: Afrika

Größe: bis zu 1,50 Meter

W wie …

Waschbär

Nachtaktiv

Der Waschbär ist ein Allesfresser. Ihm schmeckt selbst unser Abfall. Na dann, Mahlzeit!

Unglaublich!

In manchen Städten sind Waschbären zu einer richtigen Plage geworden. Sie dringen in Gartenhäuser, Dachböden und sogar durch die Katzenklappe ein. Wenn sie einmal Futter finden, kommen sie immer wieder und können auf ihren Räubertouren großen Schaden anrichten.

Mit ihrer schwarzen Fellzeichnung im Gesicht sehen die Waschbären aus wie kleine Banditen.

Steckbrief

Waschbär

Lebensraum: Wälder, Feuchtgebiete, Stadtbereich

Verbreitung: Südkanada, Mittelamerika, Mitteleuropa

Größe: bis zu 70 Zentimeter

Waschbären sind sehr anpassungsfähig und leben immer häufiger auch in Städten. Dort streifen sie nachts um die Häuser und stöbern überall nach Futter – sogar in den Mülltonnen! In freier Wildbahn sucht der Kleinbär gerne an Bachufern und Seerändern nach Leckerbissen wie Krebsen, Larven oder kleinen Fischen. Oder er macht Jagd auf Vögel und Mäuse. Er ist ein guter Schwimmer und geschickter Kletterer, der sich zum Schlafen oft in eine Baumhöhle zurückzieht. Ursprünglich kam der Waschbär nur in Amerika vor. Erst in den 1920er-Jahren wurde er wegen seines Fells nach Deutschland geholt. Einige Tiere büxten aus – und wurden hier heimisch.

Bett im Baum

(1) *Waschbären sind echte Klettermeister.* **(2)** *Auf Bäumen finden sich aber nicht nur schmackhafte Blätter und Vogelnester, sondern auch ihr »Bett« für den Tag: Baumhöhlen. Dort bringen sie zudem ihre Jungen zur Welt.*

Angeberwissen

Ihren Namen erhielten die Tiere, weil sie in Gefangenschaft häufig ihr Essen an einer Wasserstelle abwaschen. Dies scheint aber nur eine Ersatzbeschäftigung zu sein, denn in freier Wildbahn ist dies kaum zu beobachten. Dort tasten sie im Wasser nach Futter.

2

1

Wasserläufer

Auf spindeldürren Beinchen flitzt der Wasserläufer über die Wasseroberfläche und macht Jagd auf Insekten, die ins Wasser gefallen sind. Getragen wird das kleine Tier von der Oberflächenspannung des Wassers. Seine Hinter- und Mittelbeine stehen extrem weit auseinander, sodass sie wie ein großes X aussehen. So verteilt sich sein ohnehin geringes Körpergewicht auf eine möglichst große Fläche. Damit das Insekt nicht untergeht, muss es trocken bleiben. Körper und Beine sind deshalb mit Wasser abweisenden Härchen bedeckt. Zusätzlich reibt sich das Tier beim Putzen noch mit Fett ein. Um vorwärtszukommen, erzeugt der Wasserläufer mit seinen Beinen unter der Wasseroberfläche kleine Wirbel. Auf diese Weise rudert er quasi über das Gewässer.

Angeberwissen

Die Oberflächenspannung des Wassers ist so groß, dass es sogar eine Büroklammer tragen könnte. Gibt man allerdings etwas Spülmittel ins Wasser, würden sowohl die Klammer als auch der Wasserläufer untergehen.

Frisch geschlüpft

Die Eier des Wasserläufers werden knapp unter der Wasseroberfläche an Pflanzen abgelegt. Nach etwa zwei Wochen schlüpfen die Larven, die zunächst noch fast durchsichtig wirken. Nachdem sie sich mehrfach gehäutet haben, sind sie erwachsen und können für eigenen Nachwuchs sorgen.

Mit ihren Beingelenken spüren Wasserläufer die Wellen, die ihre Beutetiere im Wasser erzeugen.

Unglaublich!

Bei Gefahr kann der kleine Wasserläufer auf der Wasseroberfläche über 30 Zentimeter weit springen!

Schon gewusst?

Die sechs Beine des Wasserläufers sind unterschiedlich lang und haben verschiedene Funktionen. Mit den vorderen, kurzen Beinen fängt das Tier seine Beute. Die hinteren Beine dienen der Steuerung, mit den mittleren wird gerudert.

Steckbrief

Wasserläufer

Lebensraum: stille oder langsam fließende Gewässer

Verbreitung: Mittel- und Südeuropa

Größe: bis zu einem Zentimeter

W wie … Weberameise

Unglaublich!
Die Kraft der Weberameisen ist spektakulär. Kopfüber hängend können sie immer noch das Fünfzig- bis Hundertfache ihres eigenen Körpergewichts tragen!

An den Füßen der Ameise sitzen klebrige Polster. Durch sie hat sie auf fast jeder Oberfläche guten Halt und kann waghalsig klettern.

Weberameisen leben in den Tropen, wo sie ihre Nester meist in Bäumen errichten. Dabei wenden sie eine spezielle Bauweise an, der sie auch ihren Namen verdanken: Die Insekten nehmen Blätter, die sie zu einem Nest zusammenfügen und anschließend mit einem Faden verweben. Die dazu benötigten Seidenfäden produzieren die Larven der Tiere. Während ein Teil der Arbeiterinnen die Blätter fest zusammenhält, nehmen andere die Larven und setzen sie wie Webschiffchen ein, um die Blattkanten aneinanderzuheften. Weberameisen benutzen zudem Körpersprache zum Kommunizieren. So führen sie kleine Pantomimen auf, um ihre Artgenossinnen etwa auf eine Futterquelle aufmerksam zu machen.

Hausbau
Gemeinsam sind wir stark: Weberameisen beim Nestbau. Sie bilden große Kolonien, deren Nester sich über mehrere Bäume erstrecken.

Klebstoff
Das schimmernde Gespinst aus den Seidenfäden der Larven hält die Blätter des Nests fest zusammen.

Steckbrief

Weberameise

Lebensraum: Tropenwälder
Verbreitung: Südostasien, Zentralafrika, Australien
Größe: bis zu zehn Millimeter

Große Kiefer
Mit den kräftigen Mundwerkzeugen, den Mandibeln, verteidigen die Tiere ihr Gebiet. Zudem halten sie mit ihnen die Larven, um Blätter zu verweben.

Angriff
Aufgrund ihrer Aggressivität und ihrer Vorliebe für Insekten als Nahrung wurden Weberameisen früher oft in der Landwirtschaft als Schädlingsbekämpfer eingesetzt.

W wie …

Webervogel

Bei den afrikanischen Webervögeln ist der Nestbau in der Regel Männersache. Sie erstellen kunstvolle Bauten aus Grashalmen, die sie geschickt mit Schnabel und Füßen verflechten. Dabei knüpfen sie sogar richtige Knoten! Es gibt viele verschiedene Webervogelarten; daher können sich Form und Bauweise der Nester stark unterscheiden. Viele hängen hoch oben in Bäumen. Ihre Eingänge befinden sich an der Unterseite, um Fressfeinden den Zugang zu erschweren. Den fertigen Bau präsentiert das Männchen dem Weibchen, das die Behausung genau in Augenschein nimmt. Ist es zufrieden, erfolgt die Paarung. Anschließend bezieht das Weibchen die Brutstätte und legt seine Eier hinein. Das Ausbrüten übernimmt es dann allein.

Kein Bienenstock …

… sondern ein clever gebautes Vogelnest! Durch den röhrenartigen Eingang gelangen die Vögel von unten hinein.

Fleißarbeit

(1) Sorgfältig baut das Männchen jeden Halm in das Geflecht ein. Schließlich soll das Nest ein Weibchen beeindrucken! (2) Immer wieder besorgt es neues Baumaterial, damit das Nest weiter Gestalt annehmen kann.

Unglaublich!

Einige Webervogelarten bauen ein großes Gemeinschaftsnest an einem Baum, in dem bis zu 50 Familien Platz finden. Unter einer so großen Last können die Äste oder Bäume sogar abbrechen!

Steckbrief

Webervogel

Lebensraum: tropischer Wald, Regenwald, Gebüsch, Feuchtgebiete

Verbreitung: hauptsächlich Afrika

Größe: bis zu 26 Zentimeter

W wie …

Weihnachtsbaumwurm

Bunter Unterwasserwald? Aus dieser Koralle lugen die farbenprächtigen Kiemen vieler Weihnachtsbaumwürmer.

Der Weihnachtsbaumwurm wird auch Bunter Spiralröhrenwurm genannt. Der kleine Meeresbewohner lebt in flachen, tropischen Gewässern und fühlt sich bei einer Wassertemperatur von 24 bis 26 Grad am wohlsten. In den Zwischenräumen von Korallen baut er sich eine Kalkröhre, in der er sein ganzes Leben verbringt. Von außen zu sehen sind nur seine beiden farbenprächtigen, spiralförmig gewundenen Kiemen, die an bunte Miniaturtannenbäumchen erinnern. Diese benutzt er nicht nur zum Atmen. Aus dem vorbeiströmenden Wasser filtert er mit den Kiemen Plankton, von dem er sich ernährt. Fühlt er sich bedroht, zieht der Wurm seine Kiemen blitzschnell ein und verschließt die Röhre mit einem Kalkdeckel.

Besonders von der Seite wirken die spiralförmigen Kiemen wie Tannenbäume.

Bewegungsmelder

An den Kiemen befinden sich sehr empfindliche Sinnesorgane, mit denen der Wurm kleinste Vibrationen oder Berührungen wahrnimmt.

Schon gewusst?

Der farbenfrohe Weihnachtsbaumwurm ist bei Tauchern sehr beliebt. Es gibt ihn in den Farben Pink, Gelb, Orange, Blau, Weiß, Braun und Rot. Ein tannengrüner Weihnachtsbaumwurm wurde aber noch nicht gesehen.

Steckbrief

Weihnachtsbaumwurm

Lebensraum: tropische Meere

Verbreitung: Indopazifik, Südpazifik, Karibik, Golf von Mexiko

Größe: bis zu drei Zentimeter

W wie … Weinbergschnecke

Lecker!

Am liebsten frisst die Weinbergschnecke Gemüse. Und das in Rekordgeschwindigkeit. Dafür ist ihre Zunge mit unglaublichen 40 000 Zähnen besetzt, die immer wieder nachwachsen!

Auf Messers Schneide

Den Schleim der Weinbergschnecke finden die meisten eklig, aber für die Schnecke ist er sehr wichtig. Er bewahrt sie vor dem Austrocknen, erleichtert die Fortbewegung und dient als Schutzschild. Sie könnte problemlos über eine Rasierklinge kriechen, ohne sich zu verletzen!

Schon gewusst?

Zum Überwintern gräbt sich die Weinbergschnecke im Boden ein und verschließt ihr Gehäuse mit einem Kalkdeckel von innen. So kann sie auch äußerst niedrige Temperaturen locker überleben.

Für eine Schnecke kriecht die Weinbergschnecke ziemlich schnell durch die Landschaft. Auf ihrem muskulösen Kriechfuß schafft sie immerhin bis zu drei Meter in einer Stunde! Sie ist ein Zwitter, das heißt sowohl männlich als auch weiblich. Bei der Paarung schmiegen zwei Tiere ihre Kriechfüße aneinander. Anschließend werden bis zu 60 weiße Eier in eine selbst gegrabene Erdmulde gelegt. Die Gehäuse der Jungtiere sind noch sehr zerbrechlich, weshalb sie leichte Beute für Fressfeinde sind. Solange das Tier wächst, wird auch das aus Kalk bestehende Gehäuse immer größer und stabiler. Das dazu benötigte Material nimmt die Schnecke aus ihrer Umgebung auf. Ist ihr Schneckenhaus mal beschädigt, kann sie es meist selbst reparieren.

Steckbrief

Weinbergschnecke

Lebensraum: Wälder, Wiesen, Gärten

Verbreitung: Mitteleuropa

Größe: bis zu zehn Zentimeter

W wie …

Weißer Hai

Auf der Jagd: Weiße Haie haben einen sechsten Sinn. Sie können elektrische Felder wahrnehmen und so ihre Beute leichter aufspüren. Dann noch den richtigen Moment abwarten – und Angriff!

Der Weiße Hai ist ein gefährlicher Räuber. Fürchten müssen ihn aber vor allem Seehunde, Delfine und andere tierische Meeresbewohner. Menschen beißt er eher aus Versehen, etwa wenn er einen Surfer mit einer Robbe verwechselt. Gerne überrascht er seine Beute, wenn sie an der Wasseroberfläche schwimmt. Dann greift er sie blitzschnell von unten an. Nach dem ersten Biss wartet er ab, bis sein Opfer vom Blutverlust geschwächt ist, um keine Energie im Kampf zu verlieren. Auf seinen Wanderungen durch die Ozeane legt er lange Strecken zurück und hält sich mal an der Küste, mal im offenen Meer auf. Lange galten Weiße Haie als Einzelgänger, doch heute weiß man, dass sie häufig Gruppen von bis zu zehn Tieren bilden.

Die Art von Gebiss, die das Tier besitzt, nennt man Revolvergebiss. Fällt ein Zahn aus, rückt ein Zahn aus der zweiten Reihe nach. Die Zähne können also immer wieder »nachgeladen« werden.

Steckbrief

Weißer Hai

Lebensraum: Meer

Verbreitung: weltweit außer Arktis und Antarktis

Größe: bis zu 6,50 Meter

Gefährlicher Tauchgang

Weiße Haie kommen in allen Ozeanen vor. Da sie ihre Körpertemperatur deutlich über jener des sie umgebenden Wassers halten können, scheuen sie sich auch nicht vor kaltem Wasser.

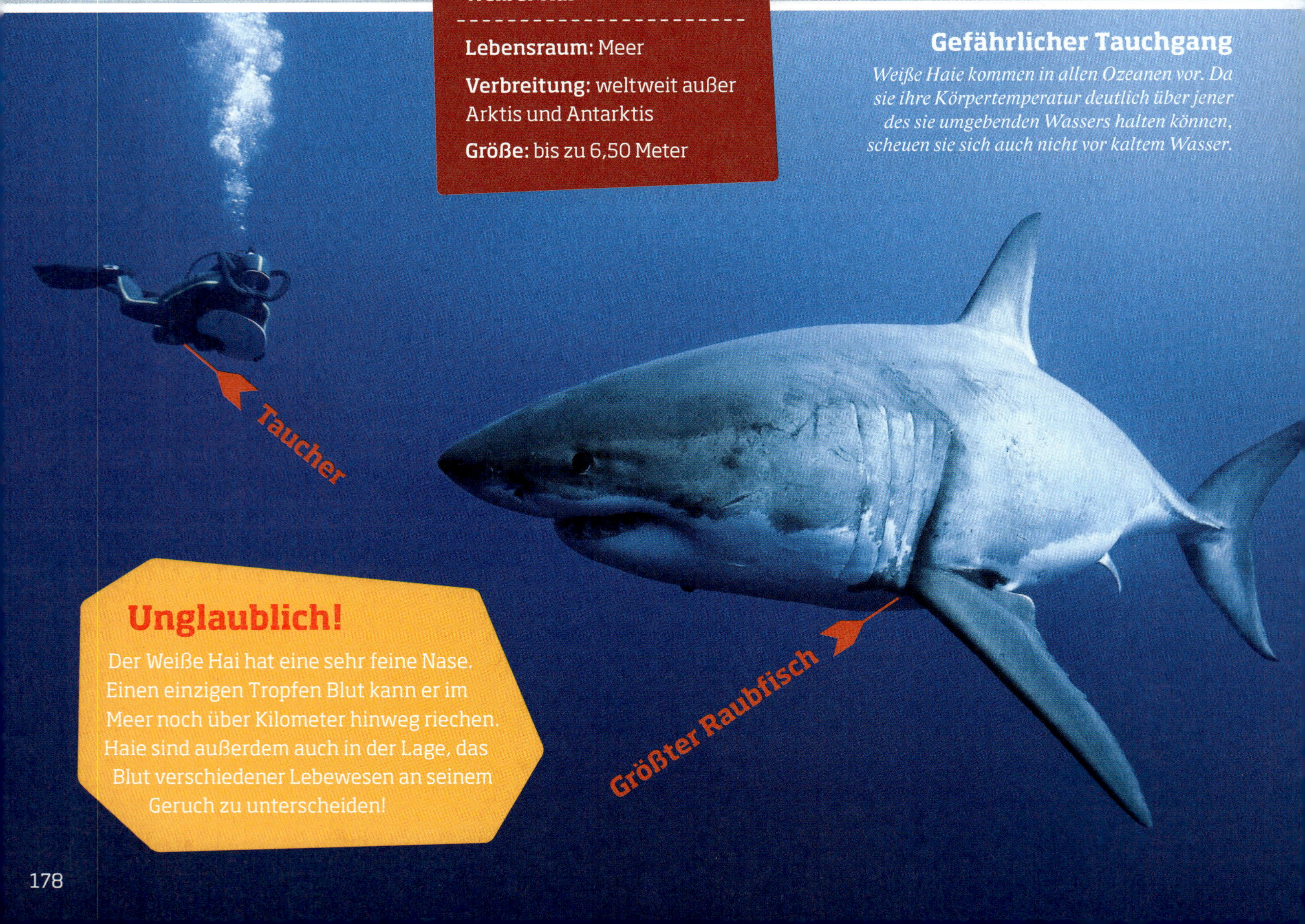

Unglaublich!

Der Weiße Hai hat eine sehr feine Nase. Einen einzigen Tropfen Blut kann er im Meer noch über Kilometer hinweg riechen. Haie sind außerdem auch in der Lage, das Blut verschiedener Lebewesen an seinem Geruch zu unterscheiden!

W wie …

Weißkopfseeadler

König der Lüfte

Der Weißkopfseeadler hat seinen Namen seinem auffälligen Kopfschmuck zu verdanken. Sein Spitzname »König der Lüfte« ist allerdings auf seine Flugkünste zurückzuführen. Mit seiner Flügelspannweite von über zwei Metern kann er beeindruckende Sturzflüge vollführen.

Schon gewusst?

Das Gefieder des Weißkopfseeadlers ist doppelt so schwer wie sein Skelett.

Majestätisch kreist der Weißkopfseeadler in der Luft und hält Ausschau nach Beute. Seine Augen sind etwa viermal schärfer als die eines Menschen! Der mächtige Greifvogel kommt vor allem in der Nähe von Gewässern vor, zu seiner bevorzugten Beute gehören Fische und Wasservögel. Hat er ein Beutetier erspäht, stürzt er sich mit atemberaubender Geschwindigkeit hinab in die Tiefe: Bis zu 150 Stundenkilometer kann er im Sturzflug erreichen! Mit seinen messerscharfen Krallen packt er seinen Fang und fliegt damit zu seinem Nest zurück, das sich meist hoch oben in den Baumkronen befindet. Der Weißkopfseeadler ist aber nicht nur ein guter Flieger – indem er mit seinen Flügeln schlägt, kann er sogar schwimmen!

Hausbau

Das Nest größerer Vögel nennt man auch Horst.

Auf Beutefang

Der Weißkopfseeadler ernährt sich hauptsächlich von Fischen und Wasservögeln. Um seinen Hunger zu stillen, kämpft er sogar mit seinen Artgenossen um die Beute oder frisst Aas.

Unglaublich!

Weißkopfseeadler bauen in ihrem Leben meist nur ein einziges Nest. Jedes Jahr wird es verbessert; dadurch wird es immer größer und schwerer. Es kann bis zu vier Meter hoch werden und gehört damit zu den größten Nestern der Welt. Es ist für den Weißkopfseeadler ein Zuhause, in das er immer wieder zurückkehrt!

Steckbrief

Weißkopfseeadler

Lebensraum: Küstenregionen, Wälder, Meer, Feuchtgebiete, Fließgewässer

Verbreitung: Nordamerika

Größe: bis zu 96 Zentimeter, Flügelspannweite bis 2,50 Meter

W wie …

Wombat

Wie das Känguru und der Koala gehört auch der Wombat zu den Beuteltieren und kommt ausschließlich in Australien vor. Den Tag verbringt er meist in seinem unterirdischen Bau. Abends begibt er sich dann auf Futtersuche. Am liebsten frisst er Gräser, Moose und Kräuter, aber auch Wurzeln oder Pilze. Trotz seines plump wirkenden Körpers kann der Wombat auf kurzen Strecken eine Geschwindigkeit von bis zu 40 Stundenkilometern erreichen. Außerdem ist er ein guter Schwimmer und Kletterer. Das Weibchen bringt alle zwei Jahre ein Junges zur Welt. Bei seiner Geburt ist es nicht größer als einen Zentimeter! Rund acht Monate bleibt es nun im Beutel der Mutter und wächst dort heran. Danach hält es sich noch etwa ein Jahr in ihrer Nähe auf.

Funny Fact

Umgestülpt

Wie viele der ursprünglichen australischen Tiere, hat auch der Wombat einen Beutel. Allerdings ist der an der vermeintlich falschen Seite des Bauchs geöffnet! Das muss aber so sein, da er sich sonst beim Graben mit Erde füllen würde.

Steckbrief

Wombat

Lebensraum: Graslandschaften, Wald

Verbreitung: Südostaustralien, Tasmanien

Größe: bis zu 1,20 Meter

Wombats sind echte Baumeister. Mit ihren ausgeprägten Grabkrallen graben sie sich Bauten, die bis zu 20 Meter lang und drei Meter tief werden können!

W wie ...

Wüstenhornviper

Die Hornviper ist ein Seitwinder. Sie schlängelt sich auf eine außergewöhnliche Art schräg nach vorne und hinterlässt dabei eine charakteristische Spur im Sand.

Steckbrief

Wüstenhornviper

Lebensraum: Wüste

Verbreitung: Nordafrika, Arabische Halbinsel

Größe: bis zu 80 Zentimeter

Schon gewusst?

Um bei einer Bedrohung nicht immer ihr Gift einsetzen zu müssen, warnt die Hornviper ihre Angreifer vorab: Sie reibt ihre Schuppen aneinander, wodurch ein Rasseln wie bei einer Klapperschlange entsteht.

Die Wüstenhornviper kommt unter anderem in der Sahara vor, wo die Temperaturen tagsüber auf über 50 Grad Celsius steigen können. Deshalb flüchtet sich die nachtaktive Schlange tagsüber vor der Hitze in Bauten von kleinen Säugetieren oder sie gräbt sich komplett in den Wüstensand ein. Mit den Mustern und Flecken auf ihrer braungelb gefärbten Haut ist sie perfekt an den Untergrund angepasst und gut getarnt. Ihre Beute lockt die Giftschlange mit einem Trick an: Im Sand verborgen, lässt sie nur ihre Schwanzspitze herausschauen und wackelt damit hin und her. Kommt ein neugieriges Beutetier zu nah heran, schnappt sie blitzschnell zu. Ihren Durst stillt sie mit dem Tau der Morgendämmerung, der an ihrem Körper entlang zum Mund fließt.

Getäuscht

Die beiden Hörner über den Augen sind gar keine richtigen Hörner, sondern nur einzelne Schuppen, die der Schlange auch ihren Namen gegeben haben. Es gibt dennoch Wüstenhornvipern, die keine Hörner besitzen.

Perfekte Tarnung

Unglaublich!

Die Hornviper ist trotz ihrer Größe nicht zu unterschätzen. Durch ihre perfekte Tarnung wird sie unvorsichtigen Menschen leicht zum Verhängnis. Ihr Gift ist auch relativ stark und kann ohne Behandlung lebensbedrohliche Folgen haben.

Y wie … Yak

Der starke Yak ist den Menschen eine große Hilfe: Selbst auf schmalen und steilen Gebirgswegen trägt er Lasten von über 100 Kilogramm!

Der Yak lebt vor allem in kälteren Regionen, wo die Temperaturen meist unter fünf Grad liegen und auch im Sommer nicht über 13 Grad klettern. Wie alle Rinderarten ist er ein Wiederkäuer. Er ernährt sich vor allem von Gräsern, verschmäht aber auch holziges oder dorniges Pflanzenmaterial nicht. Im kargen Winter kommt er schon mit zwei Kilogramm Nahrung am Tag aus, im Sommer sind es rund sechs Kilogramm – unsere Milchkühe dagegen fressen locker das Zehnfache! Während der wild lebende Yak nahezu ausgestorben ist, kommt der Hausyak in Zentralasien häufig als Nutztier vor. Dort dient er den Menschen als Lasttier und liefert ihnen Milch, Wolle und Leder. Sogar sein Kot wird als Brennmaterial verwendet!

In der Mongolei, in Sibirien oder im Himalaya wird der Yak als Haustier gehalten.

Funny Fact

Komische Geräusche

Der Yak wird hin und wieder auch als Grunzochse bezeichnet. Diesen eher zweifelhaften Namen verdankt er seinen domestizierten Verwandten, die etwas kleiner sind und dazu neigen, tiefe, grunzartige Geräusche von sich zu geben.

Steckbrief

Yak

Lebensraum: Hochland, Gebirge
Verbreitung: Zentralasien
Größe: bis zu 3,25 Meter

Unglaublich!

Der Yak ist ein echter Überlebenskünstler. Sein Fell besteht aus mehreren Schichten und bedeckt den ganzen Körper. So ist es ihm möglich, in Gegenden über 5 000 Meter und bei Temperaturen von bis zu minus 40 Grad zu überleben!

Z wie …

Zebra

Forscher glauben, dass das individuelle Muster jedes Tieres auch innerhalb der Gruppe als Wiedererkennungsmerkmal dient und hilft, die Herde zusammenzuhalten.

Von den verschiedenen Arten kommt das Steppenzebra am häufigsten vor.

Fellpflege

Fellpflege ist bei den Zebras von höchster Wichtigkeit! Sie suhlen sich im Schlamm und Staub, lassen sich von ihren Artgenossen an den Stellen putzen, an die sie selbst nicht kommen, und stehen still für den Madenhacker, einen Vogel, der sie von Parasiten befreit.

Zebras leben in Herden zusammen, die von einem Hengst angeführt werden. Das Fellmuster jedes Tieres ist so einzigartig wie ein Fingerabdruck. So erkennt ein Weibchen sein Junges nicht nur am Geruch und an der Stimme, sondern auch an seinen Streifen! Der größte Feind der Zebras ist der Löwe. Auf der Flucht vor ihm erreichen sie Geschwindigkeiten von bis zu 80 Stundenkilometern! Zum besseren Schutz schließen sie sich auch häufig mit anderen Herdentieren wie Antilopen oder Gnus zu größeren Verbänden zusammen. Die Jungtiere können bereits wenige Stunden nach der Geburt mit der Herde laufen. Das ist überlebenswichtig, da Raubtiere das Blut wittern, das die Mutter bei der Geburt verliert, und einzelne Tiere leichte Beute sind.

Unglaublich!

Die Streifen der Zebras sind sehr auffällig und keine gute Tarnung – möchte man meinen! In Wirklichkeit ist es für Raubtiere unheimlich schwer, sich auf ein einzelnes Tier zu konzentrieren. Denn in der Hitze der Savanne verschwimmen die Zebraherden zu einem schillernden Haufen.

Während der Paarungszeit kann es unter Zebrahengsten auch mal ungemütlich zugehen.

Schon gewusst?

Zu einer Zebraherde gehören zwischen vier und 20 Tiere. Geht ein Zebra aus dieser Familiengruppe verloren, suchen die anderen Tiere nach ihm – auch über einen längeren Zeitraum. Zebras sind also sehr sozial und geben acht aufeinander!

Steckbrief

Zebra

Lebensraum: Halbwüste, Savanne

Verbreitung: Afrika

Größe: bis zu drei Meter

Z wie …

Zebramuräne

Der schlangenähnliche Körper einer Muräne ist mit einer klebrigen Schleimschicht bedeckt. Diese schützt sie vor Verletzungen, wenn sie sich durch spitze Felsen oder Korallen schlängelt. Mit ihrer schwarz-weiß gestreiften Haut ist die Zebramuräne eine besonders auffällige Art. Die einzelgängerischen Gesellen liegen meist versteckt in ihren Höhlen und lauern Krebs- und Weichtieren auf. Da sie nur schlecht sehen können, verlassen sie sich dabei ganz auf ihre Nase und ihr Gehör. Im richtigen Moment schießen sie dann hervor und packen die Beute. Ihre Zähne lassen sie sich gerne von Putzerfischen reinigen, die sich von den Speiseresten ernähren. Dazu dürfen sie in das Maul der Muräne schwimmen, ohne dass der Raubfisch zuschnappt.

Muränen bewegen sich mit schlängelnden Bewegungen des ganzen Körpers durchs Wasser.

Muster

Zebramuränen tragen viele dunkle Querstreifen auf dem Körper. Diese können schwarz oder auch dunkelbraun sein.

Das Muränenmaul geht ständig auf und zu. Das ist allerdings keine Drohgebärde: Auf diese Weise atmet sie.

Schon gewusst?

Wenn sich eine Muräne bedroht fühlt, dann weicht sie ein Stück zurück und reißt dann ihr Maul weit auf. Dann heißt es: Vorsicht! Jetzt lieber schnell das Weite suchen.

Steckbrief

Zebramuräne

Lebensraum: Meer, Korallenriffe

Verbreitung: Pazifik, Indischer Ozean

Größe: bis zu 90 Zentimeter

Z wie …

Zitteraal

Obwohl er aussieht wie einer, ist der Zitteraal eben kein Aal. Er wird stattdessen den Neuwelt-Messerfischen zugeordnet.

Steckbrief

Zitteraal

Lebensraum: schlammige Flüsse und Süßwasserseen

Verbreitung: Südamerika

Größe: bis zu 2,80 Meter

Unglaublich!

Die Stromschläge, die der Zitteraal aussenden kann, sind die stärksten im gesamten Tierreich. Sie können bis zu 700 Volt stark sein und sogar einen Menschen töten oder ein Pferd betäuben!

Ein Zitteraal kann ganz schön elektrisierend sein! Denn der Fisch jagt seine Beute mithilfe von Stromschlägen. Zunächst sendet er ganz leichte Stromsignale aus; mögliche Beutetiere in seiner Nähe zucken dadurch zusammen. Diese verräterischen Bewegungen zeigen dem Raubfisch, wo sich das Tier befindet. Anschließend schickt er eine Reihe starker Stromschläge hinterher, mit denen er sein Opfer lähmt. Ein solcher Angriff dauert nicht mal eine Sekunde! Mit dieser Jagdtechnik gehört er zu den erfolgreichsten Jägern der Welt. Den Strom erzeugt das Tier mit speziellen Organen, die man Elektroplax nennt. Das sind umgebildete Muskeln, die eine hohe Spannung freisetzen können und fast den ganzen Körper bedecken.

Angeberwissen

- Im Lauf der Evolution haben sich die Kiemen des Zitteraals immer weiter zurückgebildet. Vor allem weil die trüben Gewässer, in denen der Fisch lebt, sehr sauerstoffarm sind. Heute muss der Fisch etwa alle 15 Minuten an die Wasseroberfläche, um Luft zu holen!
- Da auch das Sehen in Tümpeln nicht funktioniert, setzt er seine Elektrizitätsorgane zudem zur Orientierung ein – außerdem zur Jagd, zur Verteidigung und um sein Revier abzugrenzen.

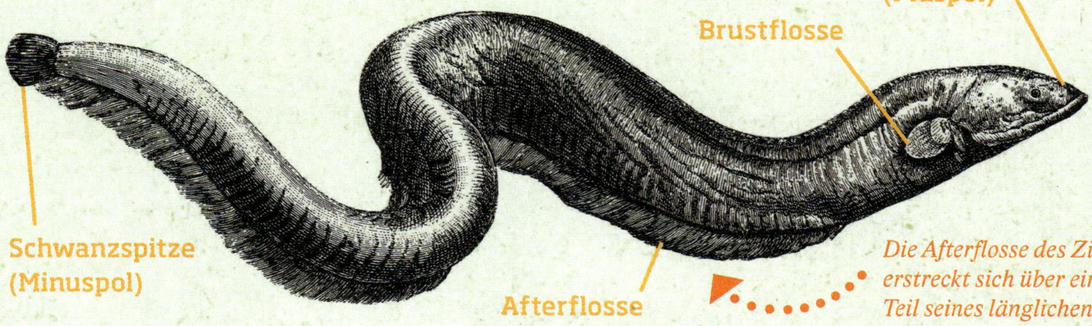

Die Afterflosse des Zitteraals erstreckt sich über einen großen Teil seines länglichen Körpers.

Z wie …

Zitterspinne

Wer einer Großen Zitterspinne begegnet, muss nicht gleich das große Zittern bekommen! Im Gegenteil – das Tier ist für uns vollkommen harmlos und ein nützlicher Insektenvertilger. Die langbeinige Spinne bewohnt meist Kellerecken und ruhige Zimmernischen, wo sie in ihrem oft großflächigen Netz auf Beute lauert. Das Netz besteht aus extrem elastischen, nicht klebrigen Fäden. Verfängt sich ein Insekt darin, spürt die Spinne die Erschütterungen und kommt sofort herangelaufen. Dann wickelt sie ihr Opfer mit immer mehr Fäden ein und tötet es schließlich mit ihrem Gift. Das Zitterspinnenweibchen legt etwa 20 Eier, die es so lange mit sich herumträgt, bis die Jungen schlüpfen. Diese sind sofort selbstständig.

Die Zitterspinne kann Beutetiere erlegen, die deutlich größer sind als sie selbst.

Unglaublich!

Ihren Namen verdankt die Spinne ihrer ungewöhnlichen Verteidigungstaktik. Droht ihr Gefahr, so wippt sie in ihrem Nest vor und zurück. In der freien Natur wird sie dadurch für jeden Angreifer fast unsichtbar.

Funny Fact

Falsche Zwillinge

Aufgrund ihres kleinen Körpers und der unglaublich langen Beine wird die Zitterspinne oftmals mit dem Weberknecht verwechselt. Das könnte auch daran liegen, dass die Zitterspinne erst seit ein paar Jahren in Deutschland heimisch ist.

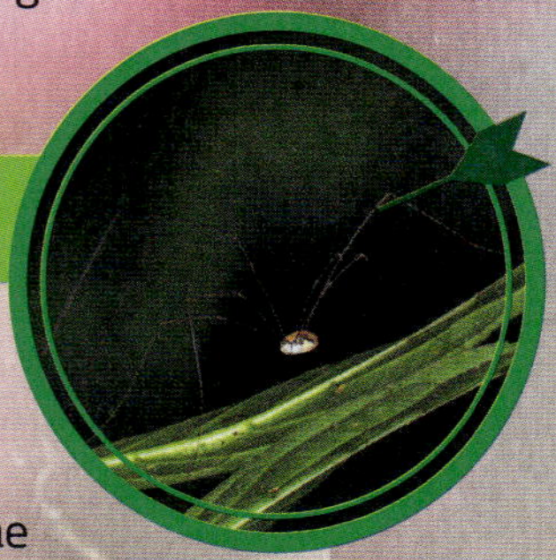

Weberknecht

Im Gegensatz zum Weberknecht hat die Zitterspinne einen zweigeteilten Körper.

Zitterspinne

Ist der Zitterspinne ein Tier ins Netz gegangen, wickelt sie es zu einem Paket zusammen, injiziert ihr Gift, das die Beute lähmt, und saugt sie dann aus.

Spinnennetz

Zitterspinnen spannen ihr Netz für gewöhnlich unterhalb der Decke auf. Sei es in Höhlen oder in Wohnungen.

Steckbrief

Zitterspinne

Lebensraum: Höhlen, Keller

Verbreitung: weltweit

Größe: bis zu einem Zentimeter

Z wie …

Zweifinger-Faultier

Funny Fact

»Regenrinne«

Das Faultier hat einen Haarscheitel am Bauch. Das ist ziemlich hilfreich, denn so kann das Regenwasser besser abfließen, während die Faultiere am Ast hängen.

Die langen, gebogenen Krallen sind beim Klettern sehr hilfreich.

In der freien Natur sind Faultiere gar nicht so faul, wie sie uns etwa im Zoo vorkommen. Während sie dort circa 16 Stunden am Tag schlafen, sind es bei ihren frei lebenden Artgenossen tatsächlich nur etwa 9,6 Stunden.

Wie der Name schon verrät, hat ein Zweifinger-Faultier anders als sein Verwandter, das Dreifinger-Faultier, genau zwei Finger an den Vorderfüßen. An den Hinterfüßen hat es aber ebenfalls drei. Am liebsten hängt es mit dem Rücken nach unten an einem Ast und schläft oder frisst. Auch die Paarung und die Geburt der Jungen erfolgt hängend. Um möglichst viel Energie zu sparen, bewegt es sich im Zeitlupentempo. An einem Tag legt es nicht mehr als 40 Meter zurück! Auf den Boden kommt das Säugetier selten und nur, um den Baum zu wechseln oder um etwa einmal in der Woche sein Geschäft zu verrichten. Ziemlich hilflos schleppt es sich dann über die Erde. Allerdings ist es ein guter – wenn auch langsamer – Schwimmer.

Steckbrief

Zweifinger-Faultier

Lebensraum: Baumwipfel in den Tropen

Verbreitung: Mittelamerika, nördliches Südamerika

Größe: bis zu 60 Zentimeter

Unglaublich!

Im Fell der Faultiere wachsen Algen! Sie lassen das Fell grün schimmern und tragen so zur Tarnung des Tieres bei. Außerdem dienen die Algen ihm auch als Nahrung!

Glossar

Agamen: Reptilienfamilie, die mit den Leguanen verwandt ist.

Albino: Tier mit fehlender Farbstoffbildung. Bei Säugetieren meist an der hellen Augen- und Fellfarbe zu erkennen.

Allesfresser: Tier, das sich sowohl von pflanzlicher als auch von tierischer Nahrung ernährt.

Altweltkamele: Europa, Asien und Afrika werden zur Alten Welt gezählt. Da das zweihöckrige Trampeltier und das einhöckrige Dromedar dort beheimatet sind, nennt man sie Altweltkamele. Zu den Neuweltkamelen gehören die Lamas, Guanakos, Alpakas und Vikunjas. Sie alle haben keine Höcker und kommen in Südamerika vor. Nord- und Südamerika wurden erst Ende des Mittelalters entdeckt und entsprechen der Neuen Welt – daher die Namensgebung.

Analdrüse: Diese Drüse befindet sich neben oder im Anus (Darmausgang). Das Sekret, das hier gebildet wird, dient zum Beispiel zur Reviermarkierung oder auch zur Abwehr von Feinden.

Anatomie: Wissenschaft vom Aufbau des Körpers und seinen Organen.

Anden: Ein Gebirgszug in Südamerika. Mit mehr als 7000 Kilometer Länge bilden die Anden den längsten Gebirgszug der Welt.

Augenfleck: Dunkler Fleck bei vielen Tieren. Er sieht wie ein Auge aus und soll Angreifer täuschen.

Ausrottung: Durch Menschen verursachtes Aussterben einer Tier- oder Pflanzenart.

Punkte und Streifen: Die Musterung des jungen Schabrackentapirs dient der Tarnung.

Azteken: Ein Volk, das im 14. und 15. Jahrhundert ein mächtiges Reich in Mexiko schuf. Sie verehrten viele Götter, denen sie auch Menschen opferten.

Bakterie: Winziges Lebewesen, das nur aus einer einzigen Zelle besteht. Manche Bakterien können nützlich sein, andere dagegen Krankheiten auslösen.

Balz: Werben von männlichen Tieren um Weibchen vor der Paarung.

Barteln: Bartfäden am Maul von Fischen. Mit ihrer Hilfe können sie tasten, riechen und schmecken.

Barten: Hornplatten am Oberkiefer eines Bartenwals, etwa des Blauwals. Damit siebt er Nahrung aus dem Wasser.

Befruchtung: Vereinigung von weiblichen und männlichen Geschlechtszellen.

Bestäubung: Fortpflanzung vieler Blütenpflanzen durch die Übertragung von Pollen durch den Wind, Insekten oder Vögel.

Boreal: Bedeutet im Lateinischen »nördlich«. In der borealen Klimazone sind die Winter länger als die Sommer.

Brackwasser: Gemisch aus salzigem Meerwasser und Süßwasser. Man findet es an der Mündung eines Flusses ins Meer.

Bürzeldrüse: Hautdrüse, die sich oben am Schwanzansatz der Vögel befindet. Dort wird eine ölige Flüssigkeit gebildet, die mit dem Schnabel im Gefieder verteilt wird, sodass es Wasser abweisend wird.

Dezibel: Maßeinheit, mit der die Stärke eines Geräuschs bezeichnet wird.

Dialekt: Leicht veränderte Form einer Sprache, die je nach Region gesprochen wird.

Domestizierung: Langsame Verwandlung von Wildtieren in Haustiere durch Zähmung und Züchtung.

Drohn: Männliche Biene.

Eber: Männliches Schwein.

Erbgut: Gesamtheit aller vererbbaren Informationen im Körper, die zum Beispiel die Augenfarbe bestimmt.

Evolution: Langsame Fort- und Weiterentwicklung von Lebewesen von Generation zu Generation.

Facettenauge: Sehorgan, das aus vielen kleinen Einzelaugen besteht.

Fagaraseide: Naturseide, die aus dem Kokon des Atlasspinners gewonnen wird.

Finne: Rückenflosse bei Walen und Haien. Sie verhilft zu einer stabilen Lage im Wasser.

Flügelspannweite: Abstand zwischen den Spitzen der ausgebreiteten Flügel, beispielsweise bei einem Vogel.

Fluke: Schwanzflosse der Wale, die flach und horizontal ausgerichtet ist. Sie wird durch Muskeln auf und ab bewegt und gibt dem Tier enormen Vortrieb.

Fossil: Versteinerter Überrest von Tieren oder Pflanzen aus früheren Epochen der Erdgeschichte.

Fressfeind: Ein Tier, das andere Tiere, seine Beute, jagt und frisst.

Gallertartig: Dickflüssig, zähflüssig, schwabbelig.

Gelege: Nest mit Eiern.

Generation: Alle Nachkommen eines oder zweier Elterntiere, die im selben Entwicklungsstadium sind, umfassen eine Generation.

Genetik: Wissenschaft, die sich mit der Vererbung von Merkmalen befasst.

Gewölle: Unverdauliche Nahrungsreste (Knochen, Federn, Haare oder Gräten), die von Greifvögeln, Eulen und anderen Vögeln wieder ausgewürgt werden.

Greifschwanz: Kann wie eine zusätzliche Hand zum Klettern eingesetzt werden. Er ist besonders beweglich und muskulös.

Horde: Gruppe verwandter Familien, die ohne feste Ordnung zusammenlebt.

Horst: Nest, das oft in schwer erreichbarer Höhe gebaut wird. Meist von Greif- oder Stelzvögeln.

Insekt: Wirbelloses Tier, das ein starres Skelett hat, das in drei Körperabschnitte gegliedert ist (Kopf, Brust und Hinterleib). Lateinisch »insectum« bedeutet »das Eingeschnittene«.

Jacobsonsches Organ: Organ bei einigen Tieren, das hinten im Gaumen sitzt und sie Duftstoffe aus der Luft aufnehmen lässt. Beispielsweise Schlangen und Katzen nutzen es, um Beutetiere aufzuspüren.

Kaiman: Gehört zur Familie der Alligatoren. Im Gegensatz zu Echten Krokodilen ragen bei ihnen keine Zähne am Unterkiefer heraus.

Kannibale: Ein Mensch, der Menschenfleisch isst. Im übertragenen Sinn ein Tier, das Artgenossen verzehrt.

Karotinoide: Natürliche Farbstoffe, die eine gelbe bis rote Färbung bewirken. Sie sind in manchen Algen enthalten. Einige Vögel benötigen sie für die Farbe ihres Gefieders.

Kaviar: Gereinigte und gesalzene Eier verschiedener Störarten. Er gilt als besondere Delikatesse. Für die Gewinnung der Eier müssen die Fische in der Regel getötet werden.

Kehlfalten: Alle Furchenwale besitzen sie. Beim Fressen vergrößern sie das Maul. Saugt der Wal Wasser ein, blähen sich die Kehlfalten auf.

Kiemen: Atemorgane vieler Wassertiere (zum Beispiel Fische, Krebse oder Muscheln), die das Luftholen unter Wasser ermöglichen. Durch die Kiemen wird Sauerstoff aus dem Wasser aufgenommen und Kohlendioxid abgegeben.

Klimazonen: Es gibt auf der Erde verschiedene Klimazonen (Tropen, Subtropen, gemäßigtes Klima, boreales Klima, Tundra, Eiskappen), die sich jeweils durch ähnliche Temperaturen und Niederschläge auszeichnen. Sie verlaufen parallel zu den Breitengraden.

Knochenfisch: Fisch, der ein knöchernes Skelett besitzt. Die meisten Fische sind Knochenfische.

Knorpelfisch: Fisch mit einem knorpeligen Skelett. Haie sind zum Beispiel Knorpelfische.

Kokon: Hülle, in die sich einige Insekten einspinnen, bevor die Verpuppung beginnt. Zudem

Stolz gleitet er durch die Lüfte: der Doppelhornvogel mit seinem langen Schnabel und dem typischen Aufsatz darauf.

umhüllen Spinnen und auch Insekten ihre Eier oft zum Schutz mit einem Kokon.

Kolonie: Mehr oder weniger lockere Gemeinschaft, die aus Mitgliedern einer Art besteht, die beispielsweise gemeinsam brüten.

Koralle: Ein festsitzendes Hohltier, das aus einem Kalkgerüst besteht. Korallen können große Riffe bilden, die dann Lebensraum für viele Tiere sind.

Kreuzgang: Bei dieser Gangart geht beispielsweise ein Pferd mit dem rechten Vorderbein und dem linken Hinterbein bzw. mit dem linken Vorderbein und dem rechten Hinterbein gleichzeitig vorwärts.

Krill: Winzige Krebstierchen, die in Schwärmen leben. Sie bilden die Nahrung für viele größere Meeresbewohner.

Laich: Abgelegte Eier von Fischen und Amphibien.

Larve: Zwischenform bei Tieren in der Entwicklung vom Ei zum Erwachsenenstadium. Meist sieht die Larve dem erwachsenen Tier noch nicht ähnlich.

Lebendes Fossil: Tier, das zumindest äußerlich immer noch genauso aussieht wie seine sehr frühen Vorfahren. Der Quastenflosser und die Brückenechse sind Beispiele für lebende Fossilien. So leben Brückenechsen schon seit 240 Millionen Jahren auf der Erde.

Lichtreflexion: Dabei wird ein Teil der einfallenden Lichtstrahlen von einer Oberfläche zurückgeworfen (reflektiert).

Luciferin: Chemischer Stoff, der zu leuchten beginnt, wenn er mit Sauerstoff und dem Enzym Luciferase in Berührung kommt.

Lurch: Ein wechselwarmes Wirbeltier, das sowohl im Wasser als auch an Land leben kann.

Mandibeln: Mundwerkzeuge bei Insekten und anderen Gliederfüßern. Sie dienen sowohl zum Beißen oder Kauen von Nahrung als auch zum Tragen von Eiern oder Larven.

Mangroven: Bäume, die an tropischen Meeresküsten wachsen. Sie sind an den Salzgehalt des Meeres und an die Gezeiten angepasst.

Mikrobe: Pflanzlicher oder tierischer Einzeller.

Mimik: Wechselnde Gesichtsausdrücke beim Wiedergeben von Erlebtem.

Mimikry: Wenn ein ungefährliches Tier ein gefährliches oder ungenießbares Tier äußerlich nachahmt und sich so vor Feinden schützt.

Mythologie: Gesamtheit der Sagen, Erzählungen, Dichtungen und Überlieferungen aus der Vorzeit eines Volkes.

Ökosystem: Mehrere Tier- und Pflanzenarten stehen in einem Lebensraum in Zusammenhang miteinander, zum Beispiel in einem See.

Paarung: Wenn männliche und weibliche Tiere sich zu einem Paar zusammenfinden und eine geschlechtliche Vereinigung folgt.

Pantomime: Darstellung einer Handlung nur durch Mimik und Bewegungen des Körpers.

Plankton: Winzige pflanzliche und tierische Lebewesen (Algen, Krebse, kleine Quallen, aber auch Fischeier und -larven), die im Meer treiben. Diese stehen am Anfang der Nahrungskette.

Primaten: Eine Säugetiergruppe, zu der Affen, Halbaffen und Menschen gehören.

Puppe: Ihr letztes Entwicklungsstadium verbringen Insektenlarven meist unbeweglich als Puppe. Oft ist diese von einem schützenden Kokon umgeben.

Raubtier: Tier, das meist große Zähne und scharfe Krallen besitzt, zum Beispiel Hund, Katze und Bär. Es jagt, tötet und frisst andere Tiere.

Revier: Gebiet, das von einem einzelnen Tier oder einer Gruppe als Lebensraum betrachtet und gegen Eindringlinge verteidigt wird.

Rüttelflug: Flugart, bei der ein Vogel fliegend an derselben Stelle in der Luft bleibt; wird bei der Beutesuche verwendet.

Scharnier: Eine bewegliche Verbindung zwischen zwei Teilen.

Schleichkatze: Katzenartiges, kleines Raubtier.

Schule: Größere Gruppe von Walen, Delfinen und Fischen. Die Tiere einer Schule schwimmen gemeinsam und halten Kontakt.

Schwimmblase: Gasgefüllte Blase, mit der die meisten Knochenfische ihren Auftrieb regeln können.

Sekret: Körperflüssigkeit, die von bestimmten Organen gebildet wird, zum Beispiel Schlangengift.

Spikes: Stahldornen an der Schuhsohle, die für einen sicheren Tritt sorgen.

Stoffwechsel: Gesamtheit aller biochemischen Vorgänge, die in einem Lebewesen ablaufen, um es am Leben zu erhalten.

Tarnung: Methode, um sich entweder vor Fressfeinden zu schützen oder selbst als Jäger nicht entdeckt zu werden. Um sich zu schützen, passen sich viele Tiere entweder ihrer Umgebung an oder sie ahmen gefährliche Tiere nach.

Tasthaare: Haare bei Säugetieren, mit denen sie ihre Umgebung ertasten können – selbst im Dunkeln.

Tentakel: Fangarme zahlreicher Tiergruppen. Sie sitzen nah am Kopf von Tieren, die im Wasser leben, und dienen meist dem Aufspüren und Ergreifen von Beute. Während jene der Tintenfische mit Saugnäpfen besetzt sind, sind die der Quallen und Blumentiere mit giftigen Nesselzellen versehen.

Tragzeit: Zeit von der Befruchtung der Eizelle bis zur Geburt eines Säugetiers.

Trockenzeit: Dürreperiode zwischen den Regenzeiten in den Tropen und Subtropen.

Voliere: Großer Vogelkäfig, der genügend Platz zum Fliegen bietet.

Wärmetauscher: Das Prinzip des Wärmetauschers funktioniert so, dass Wärme von einem Medium auf ein anderes übertragen wird. Die Blutgefäße in den Ohren des Afrikanischen Elefanten beispielsweise funktionieren wie ein Wärmetauscher: Über die großen, stark durchbluteten Ohren, die der Elefant hin- und herbewegt, wird Wärme an die Luft abgegeben und das Blut abgekühlt. Es fließt dann in den Körper zurück und reguliert so die Körpertemperatur des Tiers.

Wechselwarm: Tiere, die keine konstante Körpertemperatur haben und jene ihrer Umgebung annehmen, nennt man wechselwarm. Zu ihnen gehören unter anderem Fische und Reptilien.

Winterruhe: Tiere, die Winterruhe halten, wie zum Beispiel Eichhörnchen und Braunbären, wachen während der Ruhephase öfter auf und gehen auf Nahrungssuche.

Winterschlaf: Tiere, die Winterschlaf halten, senken ihre Körpertemperatur stark herab; ihr Herzschlag verlangsamt sich und sie müssen sich frühzeitig Fettdepots anfressen. Sie wachen zwar gelegentlich auf, nehmen dann aber keine Nahrung zu sich, sondern leben von ihren Reserven. Igel und Murmeltiere sind zum Beispiel echte Winterschläfer.

Zelle: Kleinste Einheit, aus der ein Lebewesen besteht. Man unterscheidet zwischen Einzellern und Mehrzellern.

Zwitter: Ein Mensch, ein Tier oder eine Pflanze mit sowohl weiblichen als auch männlichen Geschlechtsmerkmalen.

Register

A

Afrikanische Speikobra 06
Afrikanischer Elefant 07
Aga-Kröte 08
Alpaka 09
Ameisenbär 10
Anakonda 11
Atlasspinner 12
Australische Gespenstschrecke 13
Axolotl 14

B

Bärtige Krötenkopfagame 15
Beo 16
Binturong 17
Blattschneiderameise 18
Blaue Ozeanschnecke 19
Blaufußtölpel 20
Blaukehltragopan 21
Blauwal 22
Bombadierkäfer 23
Bonobo 24
Braunbär 25
Brauner Pelikan 26
Brillenschlange 27
Brückenechse 28
Brüllaffe 29
Buntspecht 30

C

Chamäleon 31
Clownfisch 32

D

Doppelhornvogel 33
Dornteufel 34
Dosenschildkröte 35
Dugong 36

E

Eisbär 37
Eisvogel 38
Elch 39
Erdmännchen 40
Eulenschwalm 41
Eurasischer Biber 42

F

Fächerfisch 43
Faltengecko 44
Fangschreckenkrebs 45
Feuersalamander 46
Fingertier 47
Flamingo 48
Flunder 49
Flusspferd 50
Fregattvogel 51

G

Gabunviper 52
Gepard 53
Gila-Krustenechse 54
Giraffe 55
Glasfrosch 56
Gleithörnchen 57
Glockenreiher 58
Gorilla 59
Gottesanbeterin 60
Großer Blaugeringelter Oktopus 61
Großer Fetzenfisch 62
Großer Panda 63
Großer Tümmler 64

H

Hammerhai 65
Haselnussbohrer 66
Hoatzin 67
Honigbiene 68
Honigdachs 69
Hyazinthara 70

I

Indischer Rotfeuerfisch 71

J

Jaguar 72

K

Kaiserpinguin 73
Katta 74
Kegelrobbe 75
Kiwi 76
Klapperschlange 77
Knoblauchkröte 78
Koala 79
Koboldmaki 80
Kolibri 81
Komodowaran 82
Königskobra 83
Krabbenspinne 84
Kragenechse 85
Kuckuck 86
Kugelfisch 87
Kugelgürteltier 88

L

Leierschwanz 89
Leistenkrokodil 90
Leuchtkäfer 91
Lippenbär 92
Löwe 93

M

Mandarinente 94
Mandrill 95
Maulwurf 96
Meerechse 97
Mondfisch 98
Murmeltier 99

N

Nasenaffe 100
Neuntöter 101

O

Opossum 102
Orang-Utan 103
Ozelot 104

P

Palmendieb 105
Panzergürtelschweif 106
Panzernashorn 107
Papageitaucher 108
Papageifisch 109
Pfau 110
Pfauenspinne 111
Pfeilgiftfrosch 112
Pfuhlschnepfe 113
Piranha 114
Plumplori 115
Polarfuchs 116
Portugiesische Galeere 117

Q

Quastenflosser 118

R

Riesenmanta 119
Riesentukan 120
Ritteranolis 121
Rotaugenfrosch 122
Rotes Riesenkänguru 123

S

Sägerochen 124
Sandtigerhai 125
Schabrackentapir 126
Scharlachsichler 127
Schimpanse 128
Schlammspringer 129
Schleiereule 130
Schmuckbaumnatter 131
Schnabeltier 132
Schnee-Eule 133
Schneeleopard 134
Schuhschnabel 135
Schützenfisch 136
Schwalbenschwanz 137
Schwebfliege 138
Schwertwal 139
Sechsfleck-Widderchen 140
Seehase 141
Seeleopard 142
Seeotter 143
Seepferdchen 144
Seewespe 145
Seidenlaubenvogel 146
Stachelschwein 147
Steinfisch 148
Sternmull 149
Stirnlappenbasilisk 150
Stockente 151
Strauß 152
Streifenskunk 153

T

Tagpfauenauge 154
Teppichhai 155
Thermometerhuhn 156
Thomsongazelle 157
Tiefseeanglerfisch 158
Tiger 159
Trampeltier 160
Trottellumme 161

U

Uhu 162
Unechte Karettschildkröte 163

V

Viperfisch 164

W

Waldfrosch 165
Waldrapp 166
Wallace-Flugfrosch 167
Walross 168
Wandelndes Blatt 169
Wanderfalke 170
Warzenschwein 171
Waschbär 172
Wasserläufer 173
Weberameise 174
Webervogel 175
Weihnachtsbaumwurm 176
Weinbergschnecke 177
Weißer Hai 178
Weißkopfseeadler 179
Wombat 180
Wüstenhornviper 181

Y

Yak 182

Z

Zebra 183
Zebramuräne 184
Zitteraal 185
Zitterspinne 186
Zweifinger-Faultier 187

Bildquellennachweis

Archiv Tessloff: 89ur, 132ul, 152m; **flickr:** 19ur (CC BY 2.0/lostandcold), 19l (CC BY-SA 2.0/Sylke Rohrlach), 111or (CC BY-NC-ND 2.0/Graham Wise); **Getty:** 13ml (Paul Starosta), 69mr (Doug Cheeseman), 69ur (Christian Heinrich), 117l (Gerard Soury); **National Science Foundation:** 71or (William Leo Smith); **Nature Picture Library:** 8mm (Jurgen Freund), 21r (Dr. Axel Gebauer), 23ul (Nature Production), 28mm (Pete Oxford), 29om (Claudio Contreras), 44Hg. (Tim MacMillan/John Downer Pr), 44ur (Ingo Arndt), 44ml (Michael D. Kern), 47or (Nick Garbutt), 47ul (Nick Garbutt), 58mr (Lou Coetzer), 61Hg. (Alex Mustard), 61or (Constantinos Petrinos), 62ul (Peter Scoones), 63r (Eric Baccega), 69om (Dong Lei), 80ur (Jurgen Freund), 83l (Sandesh Kadur), 83m (Sandesh Kadur), 83Hg. (Michael D. Kern), 83mr (Sandesh Kadur), 87u (David Fleetham), 88o (Mark Bowler), 88mr (Luiz Claudio Marigo), 91Hg. (Kim Taylor), 98or (Franco Banfi), 102ul (Nature Production), 108ml (Alex Mustard/2020VISION), 112Hg. (Visuals Unlimited), 115o (Visuals Unlimited), 125om (Chris & Monique Fallows), 125Hg. (Alex Mustard), 125ul (Doug Perrine), 129mr (Jane Burton), 129or (Jurgen Freund), 131or (Tim MacMillan / John Downer Pr), 135ul (Cindy Buxton), 137or (Visuals Unlimited), 139or (Doug Allan), 141or (Alex Mustard/2020VISION), 141mr (David Shale), 148ml (Daniel Heuclin), 149u (Todd Pusser), 150Hg. (Bence Mate), 150mm (Ingo Arndt), 153Hg. (Rolf Nussbaumer), 155or (David Fleetham), 155mr (Brandon Cole), 156ml (Dave Watts), 156u (John Cancalosi), 157um (Anup Shah), 158m (David Shale), 158ol (Doug Perrine), 159or (Andy Rouse), 161um (David Tipling), 161om (Doug Allan), 163u (Wild Wonders of Europe/Zankl), 164or (David Shale), 164Hg. (DOC WHITE), 166or (Roland Seitre), 166ml (Roland Seitre), 167um (Tim Laman), 167r (Nick Garbutt), 168r (Eric Baccega), 172ur (Rolf Nussbaumer), 172or (Michael Durham), 173ml (Nature Production), 175or (Hanne & Jens Eriksen), 176ol (Roland Seitre), 176mr (Pete Oxford), 178u (Pascal Kobeh), 178ol (Chris & Monique Fallows), 178or (Brandon Cole), 179ml (Louis Gagnon), 180or (Dave Watts), 181o (NEIL LUCAS); **picture alliance:** 2-3Hg. (Saurer/Bildagentur-online), 3ul (Bildagentur-online), 6Hg. (Minden Pictures/Jelger Herder/Buiten-beeld), 6um (Minden Pictures/Jelger Herder/Buiten-beeld), 10mr (P. Wegner), 11mr (Francois Gohier / ardea.com), 12ul (Ihlow), 12um (WILDLIFE/M.Harvey), 13r (C. Hütter/Arco Images), 16Hg. (WILDLIFE/R.Kaufung), 16um (K. Wothe), 16ml (K. Wothe), 17o (C. Hütter), 19um (Wolfgang Poelzer/WaterFrame), 22ml (Francois Gohier), 22Hg. (WILDLIFE/M.Carwardine), 23ml (Wissen Media Verlag), 24ml (WILDLIFE/M.Harvey), 24u (WILDLIFE/M.Harvey), 24or (WILDLIFE/M.Harvey), 24mr (Frans Lanting), 27mr (C. Hütter), 27ur (Michael Fritscher), 27om (B. Trapp), 28u (Mark Carwardine/Ardea/Mary Evans Picture Library), 28ml (M. Carwardine/WILDLIFE), 28or (Doug Wechsler/Okapia), 29ul (E. Hummel/blickwinkel), 30Hg. (WILDLIFE/M. Varesvuo), 30mm (WILDLIFE/D.Harms), 30mr (Dennis Heidrich), 30om (M. Kühn), 31ul (Minden Pictures/Stephen Dalton), 33ur (P. Wegner), 34or (S. Muller/WILDLIFE), 34mr (S. Muller/WILDLIFE), 34ul (Mary Evans Picture Library), 35o (Lynn M.Stone/OKAPIA), 36or (WILDLIFE/J.Freund), 36mr (Franco Banfi/WaterFrame), 38mr (WILDLIFE), 41om (WILDLIFE/M.Carwardine), 42mr (blickwinkel/S. Meyers), 43ml (Michael DeFreitas/robertharding), 46Hg. (blickwinkel/McPHOTO), 46ml (blickwinkel/A. Hartl), 46om (Bartomeu Borrell Casals/OKAPIA), 46or (Bruce Coleman/Photoshot), 47um (M.Harvey/WILDLIFE), 49mr (Woodfall Wild Images/Photoshot/Ross & Diane Armstrong), 49or (Ethan Daniels/WaterFrame), 52or (blickwinkel/B. Trapp), 54or (OKAPIA KG Germany/Karl H. Switak), 56um (Thomas Marent/ardea.com/Mary Evans Picture Library), 57o (Kim Taylor/Bruce Coleman/Photoshot), 58ur (Arco Images/H. Brehm), 58or (Nigel Dennis/Okapia), 59l (Thomas Marent/ardea.com/Mary Evans Picture Library), 59m (Gerard Lacz/Anka Agency International), 62or (Ronald Wittek/dpa), 66mr (Dr.med.J.P.Müller), 66or (Harms, D./WILDLIFE), 67mm (Francois Gohier/ardea/Mary Evans Picture Library), 70mr (Muller, S./WILDLIFE), 73ml (WILDLIFE/P.Oxford), 73Hg. (M. Watson/ardea.com), 73or (Peter Steyn/ardea.com), 74mr (WILDLIFE/M.Harvey), 75mr (Charles Hood), 75or (R. Kaufung), 75ml (Westend61/Fotofeeling), 75Hg. (W. Rolfes), 76o (Alina Thiebes/Kiwisforkiwi/dpa), 77m (Billy Hefton/AP Images), 78ol (B.Stein/WILDLIFE), 78u (J. Fieber/blickwinkel), 78or (J. Fieber/Arco Images), 79Hg. (Gerard Lacz/Anka Agency International), 81ml (P. Oxford/WILDLIFE), 81ul (Holger Hollemann/dpa), 82ul (S. Muller/WILDLIFE), 84u (Hubert Kranemann/Okapia), 84m (Sunbird Images/Arco Images), 85Hg. (S. Muller/WILDLIFE), 85mr (Hinrich Bäsemann), 86mr (M. Woike/blickwinkel), 86om (Alexander Stein/JOKER), 86l (Hans Reinhard/Okapia), 87or (F. Teigler/WILDLIFE), 89o (McPHOTO/blickwinkel), 90u (Franco Banfi/Photoshot/Ocean Images), 90or (Rob Griffith/AP Photo), 90mr (Jean-Paul Ferrero/Ardea/Mary Evans Picture Library), 90r (blickwinkel/McPHOTO), 91ml (Giacomo Radi/Ardea/Mary Evans Picture Library), 92m (J. Giustina/WILDLIFE), 92r (C. Hütter/Arco Images), 94or (Dieter Möbus/chromorange), 96mr (F. Hecker/blickwinkel), 97o (Ed Robinson/Design Pics/Pacific Stock), 97mr (M. Watson/Ardea/Mary Evans Picture Library), 98ur (N. Wu/WILDLIFE), 98Hg. (Gerard Lacz/AAI), 99om (Ronald Wittek), 99ur (J. Mallwitz/WILDLIFE), 99or (R. Usher/WILDLIFE), 99ul (P. Frischknecht/blickwinkel), 100or (B. Fischer/Arco Images), 100ol (S. Muller/WILDLIFE), 100m (S. Muller/WILDLIFE), 101m (Christian Decout/Okapia), 101mr (K. Hinze/Arco Images), 101or (W. Rolfes/Arco Images), 101u (S. Gerth/blickwinkel), 102o (R. Wittek/Arco Images), 104ml (P. Oxford/WILDLIFE), 105mr (D. Perrine/WILDLIFE), 105u (J. Freund/WILDLIFE), 105or (S. Muller/WILDLIFE), 107ur (Masahiro Iijima/Ardea/Mary Evans Picture Library), 107o (Jagdeep Rajput/Ardea/Mary Evans Picture Library), 108Hg. (Eleanor Scriven/Robert Harding World Imagery), 108ol (Bill Coster/Ardea/Mary Evans Picture Library), 109ml (NWU/WILDLIFE), 109um (W. Poelzer/WILDLIFE), 110mr (Fritz Rust), 110o (Horst Ossinger/dpa-Fotoreport), 112ur (Ingo Arndt/Okapia), 113ol (M. Varesvuo/WILDLIFE), 113u (M. Varesvuo/WILDLIFE), 113ur (M. Varesvuo/WILDLIFE), 114mr (Tom Brakefield/Okapia), 115mr (Zoo Leipzig), 117mr (W. Poelzer/WILDLIFE), 117um (IMAGE QUEST 3-D/Evolve/Photoshot), 118or (David Ebener), 118Hg. (G. Lacz/WILDLIFE), 119u (Wolfgang Poelzer/WaterFrame), 120ul (McPHOTOs/blickwinkel), 120ur (E. Hummel/blickwinkel), 121or (Frank Teigler/Hippocampus-Bildarchiv), 121Hg. (Frank Teigler/Hippocampus-Bildarchiv), 121mr (Bruce Coleman/Photoshot), 121um (Bruce Coleman/Photoshot), 122u (Gerard Lacz/Anka Agency International), 122ol (Thomas Marent/Ardea/Mary Evans Picture Library), 122or (S. Muller/WILDLIFE), 122mr (MARK BOWLER/Evolve/Photoshot), 123u (G. Lacz/WILDLIFE), 123or (M. Harvey/WILDLIFE), 123ol (M. Willemeit/Arco Images), 124m (Kenneth W. Fink/Ardea/Mary Evans Picture Library), 124om (Dr. Eckart Pott/Okapia), 126ur (Gerard Lacz/Anka Agency International), 126or (Jan Woitas/dpa-Zentralbild), 126l (Mark Newman/Okapia), 127ul (M. Watson/Ardea/Mary Evans Picture Library), 127Hg. (P. Wegner/Arco Images), 128ul (Rauchensteiner/augenklick), 128mr (J. Giustina/WILDLIFE), 128o (TUNS/Arco Images), 128ur (C. Huetter/Arco Images), 129ur (MAXPPP/dpa), 129Hg. (STEPHEN DALTON/Evolve/Photoshot), 131Hg. (C. Lundqvis/blickwinkel), 132um (D. Parer & E. Parer-Cook/Ardea/Mary Evans Picture Library), 132mr (Jean-Paul Ferrero/Ardea/Mary Evans Picture Library), 132ol (NHPA/photoshot/Dave Watts), 133mr (P. Cairns/blickwinkel), 133mm (R. Kaufung/blickwinkel), 135u (H. J. Igelmund/blickwinkel), 135or (M. Watson/Ardea/Mary Evans Picture Library), 136u (A. Visage/WILDLIFE), 137mr (K. Wagner/blickwinkel), 137mm (D. Harms/Wildlife), 138ur (F. Fox/blickwinkel), 138mr (F. Hecker/blickwinkel), 138ol (F. Hecker/blickwinkel), 138ul (Eibner-Pressefoto), 139ml (Gerard Lacz/Anka Agency International), 140ur (Mark Johnson/Westend61), 140mm (J. Fieber/blickwinkel), 140l (David Chapman/Ardea/Mary Evans Picture Library), 141u (Hinrich Bäsemann), 141ul (Hinrich Bäsemann), 142mm (SCOTT CANON/Kansas City Star/landov), 143or (S. Eszterhas/WILDLIFE), 144ul (Banfi Franco-AGF/Bildagentur-online), 144or (W. Fiedler/WILDLIFE), 144om (Masa Ushioda/WaterFrame), 145Hg. (Valerie Taylor/ardea/Mary Evans Picture Library), 145or (G. Bell/WILDLIFE), 146ur (S. Muller/WILDLIFE), 146or (S. Muller/WILDLIFE), 146um (Monika & Hans D. Dossenbach/Okapia), 147m (Paul Zinken), 147ur (Ludek Perina), 147ol (H. Baesemann/blickwinkel), 148ul (J. Freund/WILDLIFE), 149ml (Paul Germain/Ardea/Mary Evans Picture Library), 149or (Paul Germain/Ardea/Mary Evans Picture Library), 149m (Ken Catania/Nature/Vanderbilt-Universität Nashville), 150or (H. Schmidbauer/blickwinkel), 151ur (Ralf Hirschberger/dpa-Zentralbild), 151m (Sunbird Images/Arco Images), 151or (Sunbird Images/Arco Images), 151om (Stephan Mentzner/chromorange), 151ol (Stephan Mentzner/chromorange), 153mr (R. Wittek/Arco Images), 154o (Christine Koenig), 154ur (H. Boeckler/blickwinkel), 154mm (Hecker/Sauer/blickwinkel), 154um (J. Fieber/blickwinkel), 154mr (J. Fieber/blickwinkel), 154ol (J. Meul-Van Cauteren/blickwinkel), 155ul (Dave Fleetham/Design Pics/Pacific Stock), 157ol (Tim Graham/Robert Harding World Imagery), 157Hg. (Jean Michel Labat/Ardea/Mary Evans Picture Library), 157or (Gerard Lacz/Anka Agency International), 158ur (NWU/WILDLIFE), 159ur (Alexandr Kryazhev/RIA Novosti/dpa), 160mm (Robert Harding World Imagery), 161Hg. (M. Hicken/blickwinkel), 161ur (Gerard Lacz/Anka Agency International), 161or (M. Hamblin/WILDLIFE), 162ml (R. Kaufung/blickwinkel), 162ur (Herwig Czizek/chromorange), 162o (H. Jegen/Arco Images), 162ul (M. Delpho/Arco Images), 163ol (M. Harvey/WILDLIFE), 163or (K. Hinze/Arco Images), 166Hg. (W. Layer/blickwinkel), 167o (Stephen Dalton/Evolve/Photoshot), 168ml (UncreditedAP Photo), 168ul (Sven Simon), 169ol (C. Hütter/Arco Images), 169u (Frank Teigler/Hippocampus Bildarchiv), 170ol (Christian Naumann), 170or (McPHOTO/blickwinkel), 170um (H. Vollmer/WILDLIFE), 170Hg. (Oliver Giel/Okapia), 173u (P. Schuetz/blickwinkel), 175ur (Hartmut Loebermann/Westend61), 175mr (Gerard Lacz/AAI), 176u (Herbert Meyrl/Westend61), 176or (E. Teister/blickwinkel), 177o (Becker & Bredel), 177ml (D. Harms/WILDLIFE), 177mr (Alfred Schauhuber/Helga Lade Fotoagentur), 180ur (John Cancalosi/Ardea/Mary Evans Picture Library), 182or (H. Jungius/WILDLIFE), 184Hg. (Borut Furlan/WaterFrame), 186mr (P. Hartmann/WILDLIFE), 187ul (JC Carton/Bruce Coleman/Photosho), 187o (R. Wittek/Arco Images), 188ul (Jan Woitas/dpa-Zentralbild); **Shutterstock:** 1 (worldswildlifewonders), 2ml (Volt Collection), 2mr (Pakhnyushchy), 2ur (Stephane Bidouze), 3ml (Andrzej Kubik), 3or (robert cicchetti), 3ur (Denis Burdin), 4om (Eugalo), 4om (Panu Ruangjan), 4m (Petrov Anton), 4-5Hg. (Roberaten), 5um (aquapix), 5or (Kuznetsov Alexey), 5om (Nagel Photography), 5um (Kondor83), 6ml (Andre Coetzer), 6om (reptiles4all), 7or (Villiers Steyn), 7u (Johan W. Elzenga), 7ol (CHAIWATPHOTOS), 8u (Aleksey Stemmer), 8or (reptiles4all), 10um (Andrey Pavlov), 10ul (esdeem), 10o (Dennis Jacobsen), 11Hg. (Colette3), 11mm (chamleunejai), 11or (Vadim Petrakov), 11ml (PeterVrabel), 12o (Vladimir Sazonov), 12mr (nednapa), 12ml (Mathisa), 14ml (Maslov Dmitry), 15o (Dmytro Pylypenko), 15mr (Eduard Kim), 15ul (Eduard Kim), 16or (Ewais), 17ml (Jacqui Martin), 17ur (M. Unal Ozmen), 17ul (jeep2499), 18Hg. (Eric Isselee), 18or (MyImages - Micha), 20ur (Chris Howey), 20l (BlueOrange Studio), 20om (Tomas Sykora), 21ml (Plume Photography), 23Hg. (suradech sribuanoy), 23or (kingfisher), 23mm (LorraineHudgins),25ol (Dennis W. Donohue), 25or (Gleb Tarro), 25Hg. (David Rasmus), 26ul (a9photo), 26o (Nagel Photography), 26ml (Steve Byland), 27u (Andrej Sevkovskij), 28om (Ruth Lawton), 29ol (Edwin Butter), 30um (Bildagentur Zoonar GmbH), 31m (kzww), 32mr (Arie v.d. Wolde), 32Hg. (YUSRAN ABDUL RAHMAN), 32or (Rich Carey), 32om (Hans Gert Broeder), 32m (bernd.neeser), 33Hg. (kajornyot), 33ul (kajornyot), 33ml (kajornyot), 35ur (Steve Byland), 36Hg. (LauraD), 37ur (Joshua Haviv), 37ml (Sergey Uryadnikov), 37mr (Sergey Uryadnikov), 37o (outdoorsman), 37mr (taviphoto), 39ul (Eduard Kyslynskyy), 39o (Noradoa), 39ur (Valentyna Chukhlyebova), 40mr (dean bertoncelj), 40ur (tratong), 40om (Naraka), 45ml (Teguh Tirtaputra), 45ur (Passenier), 45o (image focus), 45ul (randi_ang), 48m (freya-photographer), 48om (javarman), 48l (RuthChoi), 48mr (topseller), 48um (GUDKOV ANDREY), 50Hg. (Johan Swanepoel), 50mr (Paul S. Wolf), 50or (alfotokunst), 51ur (3Dsculptor), 52mr (Eric Isselee), 53ur (Stuart G Porter), 54m (Judy Whitton), 54u (reptiles4all), 55mm (Carlos Caetano), 55l (Michaela Stejskalova), 55Hg. (Nataliya Hora), 55um (ShenTao), 56ol (Dr. Morley Read), 56mr (Dr. Morley Read), 57mr (Valentina Razumova), 57u (Tony Campbell), 57ur (Nattika), 57um (Dionisvera), 57ml (BMJ), 58Hg. (Gerrit de Vries), 59ur (GUDKOV ANDREY), 59om (Tanya Puntti), 60um (topimages), 60l (yzoa), 60mm (Ratikova), 60or (Cathy Keifer), 60m (nico99), 60ur (Cathy Keifer), 60ol (Patricia Chumillas), 61ul (Stasis Photo), 62Hg. (TravelImages), 63ur (plavevski), 63l (SJ Travel Photo and Video), 63m (Alexandra Giese), 64ml (Geniale_Tiere), 64u (Dray van Beeck), 65Hg. (Brandelet), 65ol (frantisekhojdysz), 65ul (howamo), 65ml (frantisekhojdysz), 67Hg. (feathercollector), 68ml (Dancestrokes), 68u (StudioSmart), 68mm (Nitr), 68mm (Tyler Olson), 68mr (Lodimup), 69Hg. (Erwin Niemand), 70ol (Tony Wear), 72mr (apple2499), 73om (Volt Collection), 74ul (Roberto Caucino), 74mr (Andrea Izzotti), 74or (Anekoho), 76ml (rodho), 76mr (Nicram Sabod), 76ml (ChameleonsEye), 76um (Palokha Tetiana), 77u (Tom Reichner), 78ml (D. Kucharski/K. Kucharska), 79or (Traci Law), 80or (Ryan M. Bolton), 80l (haveseen), 80m (Vitaly Titov & Maria Sidelnikova), 81o (Birdiegal), 82ml (Richard Susanto), 85mr (Teguh Tirtaputra), 85or (Matt Cornish), 88m (Bonnie Fink), 89ul (James Steidl), 89ml (Morphart Creation), 91um (Txanbelin), 92ul (Nagel Photography), 92ul (Nagel Photography), 93ul (Mogens Trolle), 93ur (Mogens Trolle), 93o (e2dan), 93ml (Maggy Meyer), 94mr (chris froome), 95mr (davemhuntphotography), 95ul (Edwin Butter), 95ur (Edwin Butter), 96or (cagi), 96u (juefraphoto), 97ul (Paul van den Berg), 97ur (Gail Johnson), 100um (Ryan M. Bolton), 100ol (Kayser_999), 102r (rodho), 102ur (Stacy Barnett), 102mr (Elliotte Rusty Harold), 103m (worldswildlifewonders), 104ur (elitravo), 105om (Valentina Razumova), 106or (reptiles4all), 107mr (ilovezion), 108or (Peter Raymond Llewellyn), 109or (John A. Anderson), 109Hg. (aquapix), 110ul (bierchen), 110or (Nataly Lukhanina), 112mr (Dirk Ercken), 114ol (Ammit Jack), 114u (Hayati Kayhan), 115ul (rodho), 115mr (rodho), 116ml (Nicram Sabod), 116mr (BMJ), 116m (visceralimage), 121ul (NagyDodo), 124u (Ariel Bravy), 126ol (rodho), 127or (Suchatbky), 127m (old apple), 130m (StockPhotoAstur), 130ur (Alba Casals Mitja), 130o (Philip Ellard), 131ml (Mrs_ya), 133or (Stephen Lavery), 133u (UrbanRadim), 134ul (Abeselom Zerit), 134ol (Abeselom Zerit), 136or (Nature Capture Realfoto), 136m (think4photop), 137u (Olha Insight), 137om (Christian Musat), 139Hg. (Menno Schaefer), 140ol (BGSmith), 140m (Ratikova), 142o (Dmytro Pylypenko), 142ul (Petra Christen), 142um (Dmytro Pylypenko), 143mr (Ryan M. Bolton), 143u (Kirsten Wahlquist), 144Hg. (NA image), 145ml (Milosz_M), 148um (LauraD), 152or (Dominique de La Croix), 152l (Sergei25), 155Hg. (kaschibo), 160ur (Anton_Ivanov), 160o (aleksandr hunta), 160um (SJ Allen), 165ur (Jay Ondreicka), 165um (IrenaDebevc), 169or (Pe3k), 171ml (Volt Collection), 171um (Alta Oosthuizen), 171r (Pal Teravagimov), 171or (Bildagentur Zoonar GmbH), 172o (David Spates), 172ml (Geoffrey Kuchera), 172um (Gerald A. DeBoer), 173or (mr.surapong photong), 173mr (MarkMirror), 174ul (ownza), 174m (Pushish Images), 174ur (Dave Montreuil), 174mr (Sylvie Lebchek), 175Hg. (tahirsphotography), 179o (FloridaStock), 179mr (Igor Kovalenko), 180mr (Steve Lovegrove), 182Hg. (Daniel Prudek), 183o (Pal Teravagimov), 183mr (GTS Productions), 183ml (Alta Oosthuizen), 183ul (BlueOrange Studio), 184or (Kim Briers), 184mr (magnusdeepbelow), 185u (Hein Nouwens), 185mr (guentermanaus), 186Hg. (Pholcus), 186or (Gucio_55), 187ur (BMJ), 187ml (Eric Isselee), 189or (kajornyot); **Thinkstock:** 5mr (muuraa), 5ur (Zoonar RF), 9ml (kbfmedia), 9Hg. (gydyt0jas), 9or (MisoKnitl), 10ur (Karel Gallas), 14Hg. (Armin Hinterwirth), 14or (MikeLane45), 17ml (yongkiet), 17mr (Theoracle007), 20um (FotoNeves), 21um (Jupiterimages), 22ml (MR1805), 22u (burnsboxco), 29or (Manakin), 31ol (Nasaza), 31Hg. (Dieter Moeckli), 34u (JanelleLugge), 34ol (Fritz Hiersche), 38l (Denja1), 38mm (Bousfield), 38um (dreamnikon), 38or (shih-wei), 40Hg. (duha127), 41Hg. (ZambeziShark), 41ul (VivPastars), 42ur (Dorling Kindersley), 42ul (uba-foto), 42or (Leppert), 43Hg. (NaluPhoto), 49Hg. (lilithlita), 50r (Raats), 51mr (Jonathan Amato), 51ml (shearman), 51o (Phattara Termbunphati), 51ul (Fuse), 53ul (Anup Shah), 53ml (Anup Shah), 53o (MaggyMeyer), 55ml (anharris), 59or (Jupiterimages), 63mr (DrPAS), 64or (Tom Brakefield), 64mr (StevenBenjamin), 67ul (Ammit), 70or (MikeLane45), 70ul (Michael Fitzsimmons), 72ul (Fuse), 72o (Ewan Chesser), 72ur (Krzysztof Wiktor), 76ul (Daren Grover), 77or (johnaudrey), 77mr (muuraa), 79ol (treetstreet), 82Hg. (USO), 87m (satori13), 91l (Cathy Keifer), 91or (DebraMillet), 94ur (Milous), 94u (TanawatPontchour), 95ol (Joshelerry), 99Hg. (IPGGutenbergUKLtd), 103ol (Fuse), 103ul (Enjoylife2), 103r (rosieyoung27), 104o (andy2673), 106u (Jurie Maree), 106ml (Jurie Maree), 107ul (Musat), 114or (ConstantinosZ), 115ul (kittiwut ittikunlasate), 116u (karinegenest), 119o (WhitcombeRD), 119mr (haveseen), 120o (nicholashan), 124or (MarcelC), 134mr (Steffen Foerster), 134ur (Purestock), 139mr (Evgeniya Lazareva), 146Hg. (tracielouise), 147ml (EVistock), 148r (MikaelEriksson), 153ul (Holly Kuchera), 156or (Dorling Kindersley), 159ol (decisiveimages), 163ur (Paul Brennan), 165or (MarkMirror), 173or (Khlongwangchao), 173om (mixandi), 174o (lirtlon), 180Hg. (marco3t), 181mr (ivkuzmin), 181um (PaulVinten), 182ol (kaetana_istock), 185o (Clay_Harrison), 185ml (sjhaytov); **Wikipedia:** 13ul (CC BY-SA 3.0/Sarefo), 15um (CC BY-SA 3.0/Antoshin Konstantin), 18ml (CC BY-SA 3.0/Christian R. Lindner), 18ml (CC0/Alex Wild), 22ml (PD/NOAA Fisheries), 26ur (CC BY 2.0/Kerry Wixted), 35ml (CC BY-SA 2.5/Fritz Geller-Grimm), 35um (CC BY-SA 2.5/Fritz Geller-Grimm), 43ul (GFDL 1.2/Benjamint444), 47m (CC BY-SA 2.0/Dr. Mirko Junge), 49om (CC-BY-SA 4.0/Hans Hillewaert), 52u (CC BY 2.0/Brimac The 2nd), 66u (CC BY-SA 3.0/Hedwig Storch), 71Hg. (CC BY-SA 3.0/Alexander Vasenin), 71ul (CC BY-SA 3.0/Magnus Kjaergaard), 81mr (CC BY-SA 3.0/Galinf), 84ol (CC BY-SA 2.5/André Karwath aka Aka), 84or (PD/Dr. Hagen Graebner), 86um (PD/Grüner Flip), 86mm (PD/Grüner Flip), 89mr (CC BY 2.5/Melburnian), 96ml (CC BY-SA 3.0/Didier Descouens), 98ul (CC BY-SA 3.0/G. David Johnson), 111ur (CC BY-SA 2.0/Jürgen Otto), 111ul (CC BY 2.0/Bron), 120ml (CC-BY-SA 4.0/Leon petrosyan), 135mr (CC BY-SA 3.0/Olaf Oliviero Riemer), 140um (CC BY-SA 3.0/Harald Süpfle), 150m (CC BY-SA 2.0 de/Marcel Burkhard/Cele4), 152um (CC BY-SA 2.0 de/Masteraah), 186ml (CC BY 2.0/Graham Wise)

Umschlagfotos: Nature Picture Library: U1or (Kim Taylor); **Getty:** U1u (Picture by Tambako the Jaguar); **picture alliance:** U1ur (Minden Pictures/Stephen Dalton); **Shutterstock:** U1ml (Hung Chung Chih), U1Hg. (AustralianCamera), U1mr (RuthChoi), U1ol (anekoho), U1Hg. (Kao-len), U4u (Andrew Burgess)

www.tessloff.com

ISBN 978-3-7886-2185-8

MIX
Papier | Fördert gute Waldnutzung
FSC® C020353

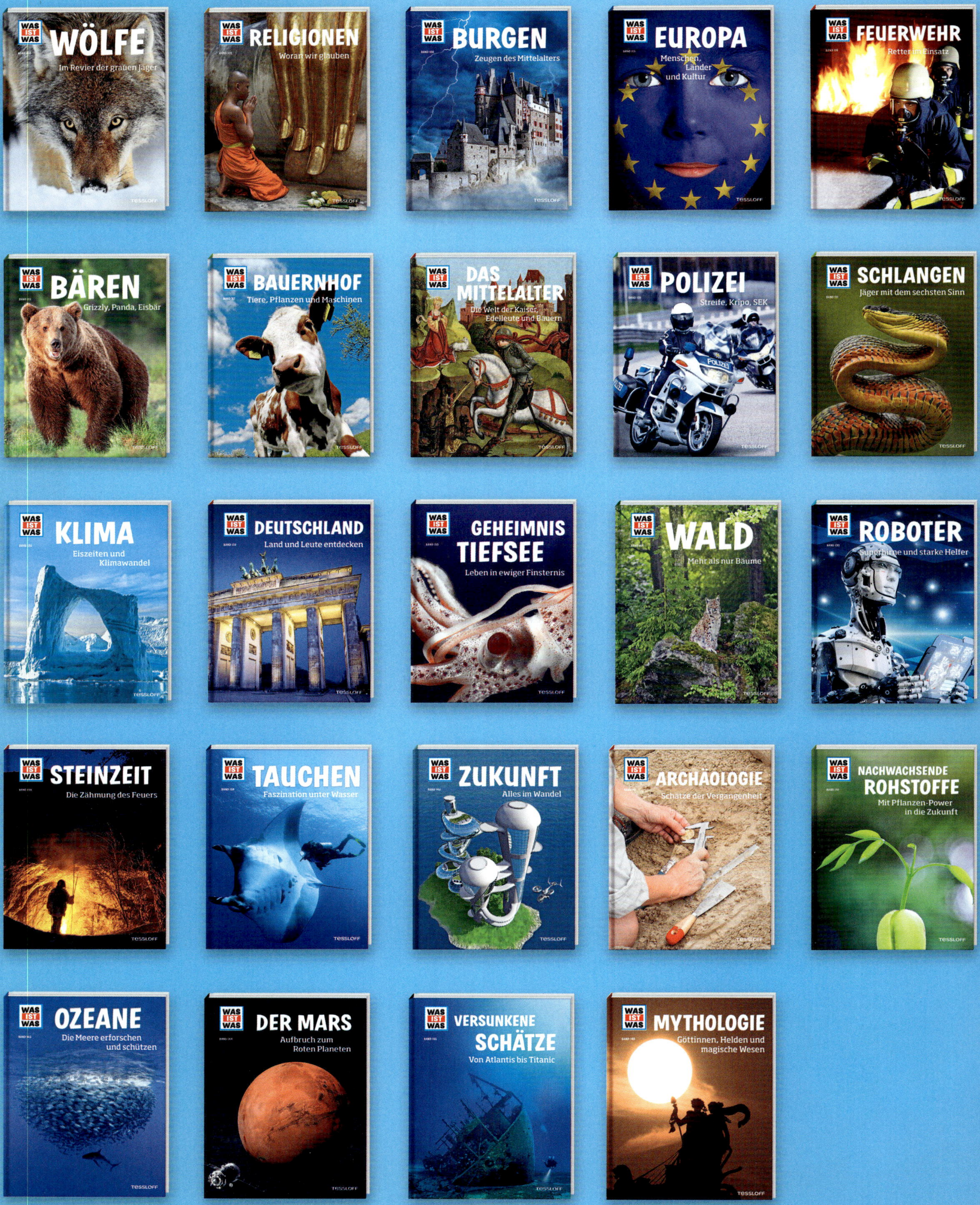

Die Reihe wird fortgesetzt.